2021

中国农业科学院农业经济与政策顾问团专家论文集

顾问团秘书处

中国农业出版社

北　京

编 委 会

主　　任：万宝瑞
副 主 任：梅旭荣
委　　员：孙　研　　袁龙江　　王加启

主　　编：孙东升
副 主 编：王　艳

2021 年，全球新冠肺炎疫情仍在蔓延，世界经济复苏脆弱，气候变化挑战突出，我国经济社会发展各项任务极为繁重艰巨。党中央认为，从容应对百年变局和世纪疫情，推动经济社会平稳健康发展，必须着眼国家重大战略需要，稳住农业基本盘、做好"三农"工作，接续全面推进乡村振兴，确保农业稳产增产、农民稳步增收、农村稳定安宁。2021 年，中国农业科学院在习近平总书记贺信精神、"四个面向"要求指引下，努力克服新冠肺炎疫情不利影响，坚持稳中求进工作总基调，踔厉奋发、砥砺前行，加快推进各项重点工作任务落地落实，农业科技创新成果丰硕，支撑乡村振兴成绩斐然，有效发挥了国家农业科技战略力量的作用，作出了应有贡献。作为农业科技创新的国家队和排头兵，中国农业科学院坚持以习近平新时代中国特色社会主义思想为指导，贯彻落实农业农村部党组决策部署，坚持"四个面向"，坚持创新核心地位和农业科技自立自强，做强国家战略科技力量，支撑引领乡村振兴，服务农业农村现代化。

中国农业科学院农业经济与政策顾问团作为农业宏观战略研究的重要力量，在国务院领导的关心和支持下，各位顾问专家紧紧围绕党中央国务院关心、农业农村现代化迫切需要解决的重大理论和现实问题，深入调查研究，积极建言献策，发挥决策参谋作用，2021 年又取得了一批新成果、新成绩，专家咨询建议报告多次得到部级领导以上批示，编辑出版了顾问团专家论文集一部，顾问团工作汇报也得到了国务院领导同志的圈阅肯定，很好地发挥了农业高端智库作用。

为方便查找和使用，顾问团秘书处收集整理了 2021 年领导批示的政策建议、顾问团专家论文、《判断与思考》专家文章等汇编成集。论文集分两个部分：第一部分收录了顾问团专家论文 6 篇；第二部分收录了《判断与思考》简报专家文章 14 篇，一并呈献给大家，供交流参考。

中国农业科学院院长
中国工程院院士　吴孔明

2022 年 7 月

目录

2021 年中国农业科学院农业经济与政策顾问团向胡春华副总理的工作汇报

春华副总理：

中国农业科学院农业经济与政策顾问团是在家宝总理、良玉副总理的关心支持下，于 2005 年 12 月成立的。目前，顾问团共有成员 15 位，顾问团团长由万宝瑞同志担任，秘书处设在中国农业科学院。顾问团成立以来，紧紧围绕党中央、国务院关心、地方政府迫切需要解决的重大问题进行深入调研，积极建言献策，得到党和国家领导同志的高度重视和多次批示，发挥了农业经济与政策研究决策咨询的高端智库作用。

2020 年是极不平凡的一年。这一年，全国人民在以习近平同志为核心的党中央坚强领导下，应变求变、攻坚克难，疫情防控、国民经济和社会等各项工作取得显著成效，脱贫攻坚取得决定性胜利、全面建成小康社会完美收官。这一年，在您亲自关心和支持下，顾问团专家紧紧围绕党中央、国务院关心，农业农村现代化迫切需要解决的理论现实问题，深入实际调查研究、积极建言献策，取得了一批新成果。在 15 份专家咨询建议报告中，得到省部级以上领导批示 12 份，较好地发挥了农业经济与政策研究的决策咨询作用。其中，"新冠肺炎疫情对全球农产品市场与粮食安全的冲击及对策建议"得到李克强总理和您的重要批示，农业农村部根据你们的批示，专门成立了国际国内农产品市场形势专题研究工作小组，由中央农办秘书局牵头开展工作，建立定期分析研判和不定期专题会商结合的工作机制，对重要农产品市场动态和变化趋势原则上每周提供书面研究报告，并视情况不定期开展专题研究小组会议；《要千方百计确保早稻最低收购价'托底'政策落地》得到了您的重要批示，农业农村部高度重视，有关司局负责研究落实；《双蛋白营养干预是脱贫攻坚一条新路》得到了孙春兰副总理的重要批示，卫生健康委员会专门召开会议，研究提出了三点落实意见。另外，顾问团还整理出版了《2019 中国农业科学院农业经济与政策顾问团专家论文集》，其中 3 位顾问在有关报纸和期刊上分别发表了重要文章，为国务院及有关部门决策咨询提供参考，得到了有关政策部门的充分肯定。

过去的一年，顾问团取得了一些成绩，主要是国务院领导给予关心和指导的结果。2021 年是中国共产党成立 100 周年，也是"十四五"开局之年，顾问团将一如既往地为党中央、国务院做好服务、为农业和农村工作献言献策，盼望您继续关心和指导顾问团工作。

中国工程院院士
中国农业科学院院长

国家食物与营养咨询委员会名誉主任
农科院农业经济与政策顾问团团长　万宝瑞

2021 年 4 月 18 日

2021 年顾问团工作总结

顾问团秘书处

2021 年，在中国农业科学院党组关心支持下，在万宝瑞团长的直接领导下，顾问团秘书处各项工作有序进行，围绕农业对外开放、农村居民增收、乡村治理现代化和乡村振兴等方面，加强农业农村形势跟踪调研，秘书处组织专家撰写多篇调研报告，并向党中央、国务院及时报送高质量的调研报告及政策建议，全年组织编发《判断与思考》简报 16 期，建议报告获副部级以上领导肯定性批示 4 次，其中国务院领导肯定性批示 1 次。

在中国农业科学院党组的直接领导下，顾问团主动组织专家积极开展调研咨询，上报的多篇政策建议得到上级领导的重要批示，取得了较好的成绩。2021 年顾问团工作成就主要有三个突出特点：更加聚焦国家重大需求、咨询报告质量得到持续提升、农业高端智库成果效果更加凸显。现简要汇报如下。

一、围绕国家重大需求，提升《判断与思考》质量

2021 年，顾问团秘书处在万宝瑞同志的领导下，各项工作有序进行，组织专家撰写调研报告，加强农业农村形势跟踪分析判断，向党中央、国务院及时报送高质量的调研报告及政策建议，全年得到副部级以上领导肯定性批示 4 次，其中顾问团工作汇报获胡春华副总理的肯定性批示。建议报告围绕新冠肺炎疫情、粮食安全、巩固脱贫攻坚成果、推进乡村振兴、实现农业农村现代化等方

面提出可行性报告和政策建议。上级领导对顾问团报送的政策建议给予充分肯定，认为报告观点鲜明、材料丰富、短小易读。

《判断与思考》第 4 期《苏州土地承包经营权有偿退出的经验与启示》，得到广东省政府叶贞琴副省长的肯定性批示。苏州大力推进农村土地承包经营权有偿退出改革，为经济发达地区城乡融合发展提供了重要借鉴。苏州在谁能退出、如何退出、如何保障、如何经营等关键环节形成了一系列制度安排，为有意愿退出土地承包经营权的农民提供了顺畅的退出渠道，有效破解了分散性经营效率低下的困境，加快了农业现代化转型升级。

《判断与思考》第 10 期《洪涝灾害对我国玉米生产影响评估及对策建议》，得到国务院研究室主任黄守宏的肯定性批示。2021 年，我国多地发生洪涝灾害，总体评估认为，因洪涝灾害造成粮食减产对粮食安全总体影响不大，但对局部农民来说粮食减产是严重的，受洪涝灾害影响最大的玉米，可能会进一步扩大供需缺口。建议加强部门协作，组织专业队伍开展灾后科学指导；适度增加玉米及替代品进口，增加玉米战略性储备；持续推进高标准农田建设，加强农田灌排工程建设。

《关于推进民族种业振兴的思考与建议》报告得到农业农村部唐仁健部长肯定性批示。面对国内外复杂环境和风险挑战，要全面提升中国种业现代化水平，加快推进民族种业振兴，确保作为国家战略性、基础性核心产业的种业安全。中华人民共和国成立以来，种子事业经历了计划经济时期、改革开放时期、中国特色社会主义新时代三大阶段，实现了民族种业"建起来""好起来"两大跨越，目前正处在奋力实现民族种业振兴的目标。针对我国种业发展面临的竞争力还不强等突出问题，提出了分类探讨种质资源保护顶层设计、大项目带动资源整合、超前布局种业数字化、召开种业振兴总结表彰大会等 4 条建议。

二、做好秘书处支撑服务，保障顾问团更好发展

根据顾问团 2021 年度工作部署，秘书处办公室编发了《判断

与思考》简报 16 期，一是梳理总结 2020 年顾问团工作成果，选编顾问团专家 2020 年撰写的研究报告，并于 2021 年 5 月完成《2020 中国农业科学院农业经济与政策顾问团专家论文集》出版发行工作；二是对顾问团成立以来的有关文件资料、领导批示资料进行整理和归档；三是完成 2021 年顾问团论文集稿件征集工作。另外，根据有关人员工作岗位的变化情况，及时调整了简报发行名录。

2022 年，顾问团以习近平新时代中国特色社会主义思想为指导，聚焦新发展阶段、新发展理念、新发展格局，在院党组领导下围绕"十四五"规划、乡村振兴、农业农村现代化等国家重大需求，进行深入调研，积极建言献策，为实现我国农业农村高质量发展，发挥农业经济与政策研究决策咨询的智库作用。

2021

一、顾问团专家论文

农业产业发展需要重点关注的几个问题

陈晓华

我国农业正处在传统农业向现代农业转变的关键时期，面临保证国家粮食安全、促进农业高质高效、推动乡村特色产业发展的重要任务。从调研看，实现农业发展的目标任务，当前要重点关注和破解以下几个问题。

一、以调动种粮农民积极性为关键，保障国家粮食安全

粮食问题关系国家安全和社会安定。当前，我国粮食安全形势总体稳定，粮食供给能力有保障，口粮绝对安全没有问题。新冠肺炎疫情全球蔓延，一些国家限制粮食出口，国际农产品市场剧烈波动，而我国粮食等重要农产品供给充裕，价格稳定。习近平总书记指出，新冠肺炎疫情如此严重，但我国社会始终保持稳定，粮食和重要农产品稳定供给功不可没。2021 年，我国积极应对新冠肺炎疫情冲击，抗御严重自然灾害，粮食生产实现历史性的"十八连丰"，连续 7 年站稳 6500 亿千克新台阶。

但也要看到，我国粮食生产基础脆弱的现状没有根本改善，粮食供求紧平衡的格局没有根本改变，结构性矛盾还没有有效解决，一些品种总量不足的问题又重新出现。在我们这个有 14 亿人口的大国，面对复杂的国际形势和气候的明显变化，粮食安全问题不可掉以轻心。习近平总书记反复强调，在粮食问题上，不能只算经济账，还要算政治账。

历史经验证明，保障国家粮食安全，要坚持"藏粮于地、藏粮于技"战略，要靠政策好、人努力、天帮忙。人努力关键是调动农民种粮的积极性，农民的种粮意愿和努力程度决定了种粮面积和粮食产量，什么时候把农民的积极性保护好、调动好，什么时候粮食和农业生产就稳定发展。从调研看，当前由于比较效益影响和劳动力结构变化，部分农民种粮的积极性有所减弱，有的减少种粮面积、改种其他作物，有的减少投入粗放经营，还有的干脆弃耕抛荒。尽管这是个别现象，但如不高度重视和正确引导，扩散开来势必削弱粮食生产能力，影响国家粮食安全。因此，应把调动农民种粮积极性作为一项重要的政策目标，依靠亿万农民支撑和保障国家粮食安全。

（一）稳定农民种粮预期

政府的政策取向对农民的生产经营行为影响很大，要释放明确的政策信号，给农民长期而又稳定的生产预期，让农民感受到种粮体面和光荣。因此，无论粮食丰歉，都要强调粮食生产的重要性，都要鼓励农民多种粮、种好粮，尤其是在农业结构调整中，不能轻易要求减少粮食种植面积改种其他作物。对种粮大户和粮食生产大县，要多宣传多表彰。领导干部到农村，要胸怀国之大者，多到粮食主产区走走，关心过问粮食生产；组织农业现场会，要不忘农业根本，多看粮食生产典型，推动解决粮食发展难题；媒体镜头和报道，要宣传粮食生产政策，多聚焦种粮农民，营造重农抓粮的社会氛围。要坚持和稳定农村基本经营制度，在发展规模经营、土地流转、土地入股、承包地退出过程中注意尊重农民意愿，支持农民联合和合作发展粮食生产。要在实施乡村振兴战略和推进农业农村现代化的过程中，让农民切实感受到国家对粮食生产是重视的，种好粮食是有前途的。

（二）减轻农民种粮难度

大国小农是我国的基本国情农情。当前，全国小农户数量约占各类农业经营户总数的 98％，经营耕地面积约占耕地总面积的近七成。尤其是改革开放以来，我国农业劳动力结构发生巨大变化，有 2.87 亿青壮年劳动力外出务工，从事非农产业，农村劳动力短缺、老龄化现象日益凸显，兼业化越来越普遍。据有关部门对 2 万多农户的调查，我国农业从业人员平均年龄约 50 岁，60 岁以上的比例超过 24%。发展粮食生产就要适应农村劳动力结构变化的新情况，解决好种粮农户一家一户干不了、干不好、干起来不合算的问题。实践证明，大力开展粮食生产专业化社会化服务，可以有效降低粮食生产成本，减轻农民种粮难度。据测算，农户采取全程托管服务的形式，小麦每年节本增效 300 元/亩*以上，玉米每年节本增效 350 元/亩以上。因此，要大力扶持粮食生产服务组织发展，加快解决服务能力不强、服务规模不大、服务领域不宽、服务质量不优的问题。继续增加财政扶持资金，引导农机服务、植保服务、供销服务聚焦粮食生产的关键时节、重点环节，广泛开展为粮农的订单式托管服务，支持从生产作业服务向良种推广、市场营销、品牌打造延伸；扩大农机补贴范围和品种，加快更新农机装备，对深耕深翻、秸秆还田回收、统防统治等实行作业补贴，对购置粮食烘干储运设施实行以奖代补。创新金融服务方式，鼓励推出以粮食生产服务为导向的金融产品，重点发展粮食生产服务机具安全事故保险、托管中的自然灾害损失保险、农事服务质量保险等，降低服务组织运行风险。把宜机化作为重要标准，着力加强田间机耕道、农机场库棚等农田基础设施建设，保障农机能下田、农田能排灌。要健全粮食生产服务组织与粮农的利益联结机制，完善服务质量和服务收费标准，以现代互联网技术整合各类资源，促进服务主体与生产主体有机衔接，提升服务质量和效益。

（三）保障农民种粮收益

保障农民种粮不吃亏是调动农民种粮积极性的关键。国家扶持

---

* 亩为非法定计量单位，1 亩≈667 米²。

粮食生产的政策措施要进一步向粮食主产区和产粮大县聚焦，项目投入要向主产区和产粮大县倾斜，指导服务要向主产区和产粮大县延伸，支持主产区和产粮大县增强粮食生产能力。目前，产粮大县多数是财政小县，要完善产粮大县利益补偿机制，增加对产粮大县的财政奖补，进一步加大中央财政转移支付力度，让重农抓粮的地方在政治上有荣誉、财政上有实惠、工作上有动力，有能力支持农民发展粮食生产。要完善粮食价格形成机制，根据种粮成本的变化，合理确定粮食最低收购价和粮食种植补贴，加强对粮食市场化运行的宏观调控，切实保护种粮农民利益。要改革和完善农业补贴制度，继续扩大补贴总量，新增补贴重点向种粮大户、家庭农场、农民合作社等新型经营主体倾斜，让多生产粮食者多得补贴，引导农民多种粮、种好粮。充分发挥保险的功能作用，实现粮食品种全覆盖，口粮等品种的保险从保物化成本向保完全成本转变，增加中央粮食保费补贴比例，扩大价格和收入保险试点范围，最大限度化解农民种粮的自然和市场风险。

二、以农业标准化为抓手，促进农业高质高效

农产品质量安全既是当前人民群众普遍关心的问题，又是实现农业高质高效必须破解的难题。质量安全的农产品首先是"产出来"的，"产出来"的关键是靠农业标准化。目前，我国农兽药残留国家标准超过 1.3 万项，农业行业标准 5 000 多项，各地创建农业标准化示范区（县、场）1 800 多个、"三园两场"（果菜茶标准化示范园、畜禽水产健康养殖示范场）1.8 万个，认证绿色食品、有机食品、地理标志农产品和无公害农产品近 15 万个。实践证明，农业标准化有助于促进农业集约化、绿色化、品牌化协同发展，有利于提升农产品质量安全水平，保障人民群众"舌尖"上的安全。

调研发现，我国农业标准化与老百姓的期待比，与发达国家发展状况比，水平仍然偏低。比较突出的，一是标准体系不完善，结

构不够合理。欧盟有 15 万多项农药限量标准，日本有 5 万多项，美国有 1.2 万项，我国标准的数量还比较少，小宗作物、小宗动物及水产品的限量标准缺失比较严重。而且，标准制定主要集中在安全方面，对绿色发展、品质提升、营养健康等关注得不够。二是制标用标"两张皮"，标准化推进困难较多。标准化生产一定程度会增加成本，但农产品优质优价没有完全实现，影响了标准化生产技术的推广应用。政府对标准化生产的支持也存在"撒胡椒面"或"人为垒大户"问题，标准化推进参差不齐。

中央农村工作会议强调"深入推进农业结构调整，推动品种培优、品质提升、品牌打造和标准化生产"。我们应当按照中央要求，以更大力度推进农业标准化，切实把农业产前、产中、产后各个环节纳入按标生产、依标监管的轨道，以标准化保障农产品质量安全。

（一）提高对农业标准化的重视程度

中央层面要做好顶层设计，把农业标准化纳入农业农村现代化指标体系，抓紧编制农业标准化发展专项规划，把标准化作为现代农业发展的关键环节和主攻方向进行布局，推动国家现代农业示范区、农产品质量安全县、农业产业园区、大中城市郊区以及有条件的"菜篮子"大县等率先实现标准化生产。压实地方责任，把标准化生产纳入对地方党委政府的乡村振兴、食品安全等考核体系，并且要和示范园区建设、项目资金安排、产品品牌认证等工作挂钩，作为重要评审依据，整合各方面力量和资源共同推动这项工作。

（二）构建与农业高质量发展相适应的标准体系

坚持"有标贯标、无标制标、对标达标"，做好标准领域补短板、强弱项工作，组织团队、安排经费，重点加快小宗品种的标准制定，健全农产品质量安全、营养品质、包装分级、绿色发展等方面标准。支持各地和各类行业协会围绕主导品种和特色产业，制定生产技术规程，与生产指导、技术推广相结合，针对性开展技术培训，以明白纸、生产挂图等形式加强对农民的宣传教育，让农民一看就懂、一学就会。

（三）建立标准化生产示范带动机制

发挥新型经营主体带动作用，通过各类以奖代补等方式支持合作社、家庭农场、种养大户及龙头企业等建立标准化生产基地。发展"公司＋基地＋农户＋标准""合作社＋农户＋标准"等模式，把标准化嵌入投入品管控和作业流程，通过社会化服务、托管农业、订单农业等，促进小农户和现代农业有机衔接，引导一家一户小规模生产步入标准化轨道。

（四）加大标准化生产的政策支持力度

中央层面统筹设立农业标准化转移支付项目，每年选择部分"菜篮子"大县，对农民按标生产、减肥减药、绿色防控等给予补贴。加大财政对农业标准化的投入力度，支持农业部门开展绿色食品生产原料基地和标准化示范区创建工作，推进全产业链标准体系试点，实现标准立项、制定、实施到跟踪评估的一体化推进。

三、以发展脱贫地区特色产业为重点，巩固拓展脱贫攻坚成果

发展壮大乡村特色产业，既是贫困地区打赢脱贫攻坚战如期实现脱贫摘帽的有力支撑，又是脱贫地区巩固拓展脱贫攻坚成果全面推进乡村振兴的重要抓手。调研看到，近几年贫困地区乡村特色产业快速发展，如怒江的苹果、保山的咖啡、毕节的刺梨等已形成产业规模和市场影响，有了发展壮大的良好基础。但也发现，当前脱贫地区乡村特色产业发展仍处在培育成长期，总体上发展质量还不高，发展可持续性还不强，主要表现在：产业链条比较短，大都停

留在种养生产环节，没有形成完整的产业体系；生产方式比较粗放，规模化、标准化、组织化程度不高，叫得响的品牌还不多；对接市场能力比较弱，产销信息不畅、营销网络不健全的问题还比较突出。加强扶持引导，加快发展脱贫地区乡村特色产业已成为"三农"工作的重要任务。

从调查看，发展壮大脱贫地区乡村特色产业，关键是要认真落实习近平总书记在中央农村工作会议上的重要讲话精神和中共中央、国务院关于实现巩固拓展脱贫攻坚成果同乡村振兴有效衔接的意见要求，适时把脱贫地区产业发展重心从产业扶贫转到产业振兴上来，推动乡村特色产业由快速覆盖向长期培育转变，由重点支持贫困村、贫困户向脱贫地区全域覆盖、全体受益转变，由主要支持种养环节向生产、加工、流通全链条转变，坚持特色、绿色，提升市场化水平和可持续性，不断推进特色产业现代化。

（一）完善产业发展规划

抓紧落实中央关于以脱贫县为单位规划发展乡村特色产业的要求，在总结梳理产业扶贫规划实施成效的基础上，结合"十四五"规划制定，编制形成乡村特色产业发展专项规划。制定规划，应注重产业发展的集中度，根据产业发展基础和市场前景，在竞相发展的扶贫产业中，优选2～3个优势明显的特色产业，集中培育、重点打造，一个产业一个行动，有发展目标、有政策举措、有团队指导，避免产业发展的同质化倾向。应注重产业发展的区域性，根据自然条件和环境容量，既抓好一村一品、一乡一业的发展，又突破乡村地域的限制，一条沟峁一条沟峁地布局产业，形成特色鲜明的产业集群和产业带。应注重产业发展配套设施建设，根据脱贫地区经济社会发展需求，继续改善水、电、路、通信网络等基础设施条件，把乡村特色产业配套设施纳入相应的专项建设规划，有工程项目、有资金安排，该兴建的兴建、该升级的升级，一体规划、同步推进，进一步提高农田抗旱排涝能力、产业基地路网通达能力、乡村信息数据传输能力，为乡村特色产业发展创造更好的基础条件。

（二）强化产业体系建设

抓紧落实中央关于五年过渡期政策和用于产业发展的资金占比应逐年提高的要求，围绕健全拓展产业链，加快补齐乡村特色产业发展的短板和弱项。在生产环节，应整合各类财政性扶持资金，重点支持特色种养基地的标准化园区建设，支持特色种植业老旧园区改造升级，加快品种更新换代，扶持发展绿色食品、有机食品、地理标志农产品；充分利用山场资源条件，积极发展规模化林下特色养殖业，有效保护和开发利用地方名特优品种，扩大市场影响力。在加工环节，加大金融创新力度，既支持产地初加工发展，完善清洗、分拣、包装、预冷设施设备，减少产品损失浪费；又支持产品精深加工，加快加工企业技术进步和设备改良，提高产品的附加值。在营销环节，应运用减费降税政策工具，支持特色农产品线上线下销售，广泛开展产销对接和直销活动，拓展营销网络和渠道。当前应重视提高消费扶贫的发展质量，完善营销方式，提高市场化程度，引导生产者树立质量第一、诚信至上的观念，促进产业持续健康发展。

（三）壮大产业带动主体

抓紧落实中央关于进一步加强产业帮扶的有关部署要求，完善帮扶方式，把壮大产业带动主体作为产业帮扶的重点。应重视经济实体的带动作用，根据不同产业的不同特性和不同主体的不同优势，有重点地培育支持。对特色种植业，优先支持农民专业合作社的发展，通过生产在社、服务在社的方式，提高农民的生产能力和组织化水平；对特色养殖业，优先支持发展"龙头企业＋合作社＋农户"的模式，通过龙头企业，向农户提供种苗、防疫、管理、营销等一条龙服务，提高农业集约化、规模化程度；对乡村旅游业，优先发挥好集体经济组织的作用，通过开发利用集体自然资源和公共设施，更好地为消费者提供满意的体验和服务。应重视人才的带动作用，抓好乡村建设人才引进和乡土人才培养，结合优化结对帮扶机制，增派一批技术管理人才，帮助和指导特色产业发展，注重发现和培养当地的产业发展能手和"土专家"，形成留得住、能管用的乡土人才队伍。应重视园区的带动作用，抓好特色产业示范园区和基地建设，国家和地方的乡村振兴重点帮扶县要围绕乡村特色产业，布局建设若干个产业示范园区，促进一二三产业融合发展，发挥好示范带动效应。

农村一二三产业融合发展再探索

江泽林

"十四五"规划和 2035 年远景目标纲要明确提出，要继续推进农村一二三产业融合发展，延长农业产业链条，丰富乡村经济业态，拓展农民增收空间。2015 年，国务院办公厅出台《关于推进农村一二三产业融合发展的指导意见》，全国不少地方结合实际积极探索农村产业融合发展，认真总结经验、提高认识，对"十四五"时期乃至更长一段时间更加科学推进农村三产融合发展，促进乡村振兴，实现农业农村现代化具有重要意义。

一、农村一二三产业融合发展实证分析

作者在吉林省 9 个市（州）、27 个县（市、区）中选取农业内部融合型、产业链延伸型、功能拓展型、新技术渗透型、产城融合型 5 种发展模式的企业及其务工农民作为调查对象，对农村三产融合发展模式、要素的配比与贡献、农民收益等进行了深入分析。

（一）产业融合模式的选择

调研显示，三产融合模式的选择是由一个地区发展基础、不同主体所处的内外部环境共同作用下实现的。农业内部融合型模式和新技术渗透型模式有利于激活农村发展新动能，在融合发展进程中催生出新产业新业态新模式，加快实现社会主义美丽乡村建设；产业链延伸型模式在吸引现代生产要素方面表现出特有优势，通过注入现代生产要素，加快构建跨界融合的产业体系，实现农业现代

化；产城融合型模式和功能拓展型模式对城乡闲置资源进行有效整合，充分利用城镇居民闲暇时间和农村剩余劳动力，构建新型工农城乡关系。产业融合关键在因地制宜，找到符合本地区要素禀赋的发展模式。

（二）产业融合中的要素分析

1. 不同模式的要素配比 按照融合企业各要素成本在企业总成本中所占比重，取其均值，用以分析各类要素在相应三产融合模式中的配比。

要素在农村三产融合发展的分配（%）

要素	农业内部融合型	产业链延伸型	功能拓展型	新技术渗透型	产城融合型
土地（自然资源）	6.5	33.5	32	35	30
农村劳动力	3.5	17.5	15	10	24
资本（机械设备）	55	26	28	20	28
科技及管理	19.5	3	0.5	3.5	0.9
网络平台（营销渠道）	15	10	20	30	15
信息化	0.5	10	4.5	1.5	2.1

从测算结果看，农业内部融合型模式中资本的投入相对较多，随后为科技、管理及网络平台投入，对于土地和劳动力的需求相对较低，最低的是信息化建设的投入。在其他模式中，农业土地投入是最为重要的，随后为资本投入，主要用于购买农业机械化产品，进行大范围的土地耕种之用。在产业链延伸型、功能拓展型和产城融合型中，农业劳动力和网络平台的投入紧随其后，相对较低是信息化建设和科技及管理投入。而在新技术渗透型的三产融合模式中，网络平台的投入份额相对较高，仅次于土地要素的配比，其次为资本和劳动力的投入，科技及管理和信息化建设投入仍较低。

2. 不同模式下要素贡献率 本文按照要素贡献率＝各要素增幅/企业收益增幅×100%，计算土地、农村劳动力、资本、科技及管理、网络平台、信息化等要素对此类融合模式下的各企业收益贡献率后，再取其平均值作为此类融合模式下的要素贡献率。

从要素贡献的总体情况分析可得，在三产融合的各类模式中，资本的贡献率显著高于其他要素，土地和劳动力的贡献率次之，网络平台、科技管理、信息化的贡献率相对较低。反映出当前产业融合发展中仍以传统要素为主，现代要素的作用还有待提高。

要素对农村三产融合发展的贡献率（％）

要素	农业内部融合型	产业链延伸型	功能拓展型	新技术渗透型	产城融合型
土地（自然资源）	16	20	26	20	20
农村劳动力	18	12	20	20	25
资本（机械设备）	50	40	32	15	35
科技及管理	11	13	8	20	5
网络平台（营销渠道）	3	8	12	20	12
信息化	2	7	2	5	3

综上，三产融合最为重要的投入是资本和土地要素。一方面源于资本的一般属性，另一方面得益于我国的农机具购置补贴政策。劳动力要素的贡献率和投入则普遍低于资本和土地要素，这体现出了土地流转的重要意义，释放了农村劳动力，提高了农民非农转移的稳定性。此外，网络平台要素也是三产融合的主要投入方面，主要因为吉林省受地域经济及发展理念等影响，多以依托、合作传统电商平台和社交电商为主，缺乏自身销售网络建设，造成吉林省虽在网络平台上投入较多，但其贡献率却普遍不高，仅部分拥有龙头企业带动型的融合模式，多因龙头企业拥有自身的网络销售平台，拉升了网络平台要素的贡献率。科技及管理要素和信息化要素在吉林省的三产融合中投入仍偏低，贡献率也不高，仍需进一步加强。

（三）产业融合中的农民收入情况

农民参与农村产业融合过程，从收益来源的角度看可以划分为两种方式。一种是以融合企业生产经营活动中的要素收益方式，即农民将土地、劳动力和生产的农产品卖给融合企业作为生产要素获得利益，从农民角度看，表现为"打工工资""土地租金""销售农产品收入"；另一种是投资收益方式，即农民投资融合企业，参与融合企业的利润分红，主要表现在农民以土地或现金投资融合企业，参与融合企业利润分配。

1. 不同模式下农民收入要素　调查问卷数据统计显示，参与融合企业的打工农民，其收入来源结构为：工资性收入占其总收入的 52.89%，农产品销售收入占 27.11%，土地租金收入占 7.22%，现金入股的收入占 1.14%，土地入股分红的收入占 1.13%，其他的收入占了 10.45%。其中，参与三产融合的打工农民工资性收入在所有融合模式中均占比最高。

无论是哪种融合模式，农民收入的增加均来源于产业融合形成的对生产要素的需求。对劳动力的需求，形成了农民工资收入；对生产原料的需求，形成了农民出售农产品的收入；对生产用地需求，形成了农民土地租金的收入或土地入股分红收入。如果没有产业融合，就不会对农民形成这些市场需求，农民就不可能形成这方面的增收。

2. 生产要素对农民收入影响　为了便于分析农民提供的生产要素在融合企业生产活动中获得的收益，本文定义了"农民生产要素参与融合企业分配率"基本概念：即由农民提供的生产要素在融合企业生产过程中占融合企业生产支出总成本的比重。它既反映农民在融合企业生产经营活动中参与的第一次分配，也可以一定程度上反映农民参与融合企业融合发展的参与水平。

从总体分配情况看，2017—2019 年，吉林省农民生产要素参与融合企业分配率分别为 39.21%、35.74% 和 38.68%，3 年数据呈现波动性下降的趋势。其中，不同融合模式农民各要素参与融合企业分配率的平均水平 3 年间呈现上下波动状态，2017—2019 年，分别为 30.11%、29.67% 和 31.31%。

从分配要素情况看，农产品要素参与融合企业分配率最高，3年间均在70%以上，但呈逐年下降的趋势；农民劳动力要素参与融合企业分配率（即工资）次之，3年间占比分别为4.70%、5.65%和6.99%，呈逐年上升态势；土地要素参与融合企业分配率最低，3年间占比分别为2.80%、3.51%和3.63%，呈现稳步上升状态。

以上分析表明，在农村三产融合发展中，农民收入主要来源于打工收入，利益联结机制还没有真正建立起来。在要素分配中，农民要素平均占比不足40%，投资及管理等要素在利益分配中占比较重，这种利益分配格局也有待于进一步改善。

二、农村一二三产业融合发展的内涵

农村三产融合是以富裕农民为目的、以拓展农业为手段、以振兴乡村为基础，通过促进生产要素流动，实现产业复合与重构，催生新业态，形成产业聚合体的综合发展过程。它是实现农业农村现代化的有效途径。具体内涵包括五个方面。

一是关于以富裕农民为目的。长期以来，我们都是强调以增加农民收入为目标来做好各项农业工作，这是非常重要的原则。以富裕农民为目标同样是坚守了这一原则。考虑农村三产跨界融合涉及一二三产业和城乡互动，使综合效益高于每个单独的产业之和，并将新增加的就业岗位和附加价值留在本地、留给农民。在此过程中，各类产品的成本、价格、服务内容与水平、资源环境质量等，很难从单纯的收入来反映。因此，"富裕"反映收入水平的高低，具有更广泛的意义。

二是关于以拓展农业为手段。三产融合既包括延伸产业链，也包含催生新业态。在此过程中所进行的价值创造又形成了价值链和利益链等。"拓展"具有综合性，既坚持以农业为产业融合的基础，同时，也要考虑可能带来的复杂形态。

三是关于以振兴乡村为基础。乡村首先是区域空间概念，这里强调三产融合的空间应主要放在县、乡、村。一方面，产业融合必然带来就业增加，人口集聚带来乡村繁荣；另一方面，乡村繁荣为三产融合创造更好的条件。随着城乡一体化推进和新型城镇化水平的提高，乡村全方位振兴将为农村一二三产业更高水平的融合打下坚实的基础。

四是关于产业聚合体。产业融合是不同产业生产要素的组合，既有结构性重组，也有水平提升。在产业要素流动重组的过程中，必然带来新业态的形成。在三产交叉和新业态形成过程中出现了产业聚合体。聚合包括聚集和联合，聚集是指同一产业累积而形成一定规模，联合则是指不同产业之间的融合，形成新业态。因此，产业聚合体最能表达三产融合的产业形态。

五是关于农业农村现代化的有效途径。这里的有效途径，主要是规定了农村三产融合的发展方向。农业农村现代化是乡村振兴的总目标，产业兴旺是乡村振兴的基础，产业兴旺离不开农村的产业融合。通过产业融合，延长产业链，提高附加值，实现要素优化配置，提升产业素质。产业融合发展还能有效扩大服务需求，增加就业，增强发展活力，为农业农村现代化构建产业体系。各类融合平台和载体（融合发展示范区、智慧农场、特色小镇、田园综合体等）对推进农业农村现代化无疑具有重要作用。

三、推动农村一二三产业融合发展的建议

一是强化利益联结，确保农民收益。以保障农民权益为核心，在尊重市场规律和强化企业责任前提下，建立全部经营主体在融合发展中权利对等、责任对称、互惠共赢的利益联结机制。充分调动农民参与的积极性，使农民成为产业链的参与者、建设者、共享者。建立风险防控机制，建设农业产业链风险管理信息系统和风险基金，发挥好农产品期货、期权等金融衍生品对于风险规避的作

用。优先支持农业合作社等与农户具有天然密切联系的经营组织，带动农户共同参与三产融合发展。

二是完善供给政策，突破要素制约。当前特别要加强土地供给保障，对融合发展中农业生产用地、工业生产用地、服务业用地进行统筹考虑，在坚决制止违规占用农村土地建房的同时，农村集体建设用地要优先用于三产融合项目或园区。完善三产融合发展项目用地管理，针对休闲农业、设施农业等不同类型项目，实行差别化的土地管制政策。另外，还要创新农村金融服务，强化人才和科技支撑。

三是发挥龙头作用，增强融合动力。培育具有市场竞争力的大型现代农业龙头企业，提升企业融合资源、开拓市场能力，示范带动农村产业融合发展。以龙头企业为主导延伸产业链，向前对接农产品生产基地，向后打通农产品营销渠道，不断完善现代农业产业体系、生产体系和经营体系。以龙头企业为平台，提升价值链，向农户提供覆盖"种养加、产供销"全方位全过程的指导服务，不断提高土地产出率、资源利用率和劳动生产率。以龙头企业为引领优化供应链，引导各生产主体按照市场需求组织生产，不断增强供给侧的灵敏性、有效性。

加快产业发展　推动乡村振兴

马正其

在以习近平同志为核心的党中央坚强带领下，我国脱贫攻坚战取得了全面胜利，为了巩固拓展脱贫攻坚成果，实现中华民族伟大复兴中国梦，党中央作出了推动乡村振兴的重大战略部署。产业是乡村振兴的关键，是解决农村一切问题的前提。本文结合甘肃、青海等多地的调研情况，分析我国农村产业发展现状及存在的短板弱项，提出加快产业发展推动乡村振兴的意见建议。

一、目前农村产业发展的现状和问题

近年来，各地以农业农村现代化为总目标，以农业供给侧结构性改革为主线，依托农业农村资源，以农民为主体，发掘农业多种功能，形成了一大批包括种养业、乡土特色产业、农产品加工流通业、休闲旅游业、乡村服务业等农村产业，成功解决了 14 亿中国人的吃饭问题，保障了我国的粮食安全，消除了农村绝对贫困的现象，为农村精准扶贫、精准脱贫作出了重大贡献。一批彰显地域特色、体现乡村气息、承载乡村价值、适应现代需要的乡村产业，为乡村振兴奠定了坚实的物质基础。但也应清醒地看到，农村产业在发展过程中也暴露出产业选择盲目、组织化程度较低、流通销售不畅、基础设施薄弱等一些问题，主要有以下几个方面。

1. 产业选择没有因地制宜，盲目上马浪费大　一些地方对自身的资源属性没有摸准、摸透，对当地的水土、气候、光照、温湿度等缺乏深入了解，对适合当地发展的特色、优势产业把握不准，

· 25 ·

盲目投资上马一些"热门""赚钱"的产业，投入很大、产出很少，造成极大的浪费。如重庆某地投入巨资搞了 13 万亩油橄榄种植基地，等到苗木长大结果后才发现因对气候、温湿度等自然条件没有精准分析，当地油橄榄的实际坐果率、含油量等关键指标远不如预期，导致经济效益大大降低。

2. 组织化程度较低，规模效应没有形成　一些地方农民组织化程度不高，大量分散经营的农户无力抵抗农业生产的自然风险和价格风险，有的地方虽然组织了农民专业合作社，但规模较小、组织松散、与上下游企业联系不紧密，直接导致科技兴农的效率无法提高，规模效应难以体现。如青海海东某重点脱贫村，发动家家户户都搞特色辣椒种植，却缺乏统一组织、缺少科学种植技术，不该治虫的时候打农药，该治虫的时候多打药，收购时节压价出售，散兵游勇式的搞法使得作为特色辣椒产业的优势发挥不出来。

3. 销售流通渠道不畅市场竞争力较低　一些地方重生产轻销售，农产品流通渠道不畅通、农产品信息滞后、商品流通网络不健全、市场化程度较低、流通方式落后，导致流通成本高企，产品生产出来卖不出去，有好产品却卖不出好价格。如青海省果洛州班玛县，当地生产的藏雪茶、牦牛肉、高山食用菌等都是高品质的绿色生态食品，但因为推广力度有限、信息较为闭塞，产品的销售范围十分有限，虽然政府搭建了电商销售平台，但因为物流速度缓慢等，严重影响消费者购物体验。

4. 基础设施不健全严重影响产业发展　一些农村地区虽然进行了脱贫攻坚，但是相关的水、电、道路等基础设施建设仍然十分薄弱，网络通信、仓储物流等设施未实现全覆盖，农村的垃圾、污染处理设施也十分有限，破坏当地自然环境的情况时有发生，严重制约了相关产业的发展，进一步推高了产业的运营成本。如甘肃某农业县，县城及镇上垃圾处理率尚能达到 70%～80%，农村地区就降到了不足 50%，当地引进的禽蛋产业等产生的粪便、废水等处理困难，对相关产业发展制约较大。

二、加快农村产业发展的对策措施

由脱贫攻坚到乡村振兴，产业必须要实现从"小"到"大"，从"少"到"多"，从"有"到"优"的转变。这就要始终坚持问题导向、目标导向、发展导向，充分发挥政府引导作用，立足县域资源禀赋，调整优化产业布局，补齐产业发展短板，努力走出一条符合实际、科学有效的农村产业发展之路。

1. 摸清底数搞好针对性强、实用性高的产业规划 产业发展必须规划先行，规划之前先摸清情况。各地要本着因地制宜、实事求是的原则，认真研究透彻本地的人力资源、土地资源、气候资源、地理区位、传统产业、特色产品等各项资源禀赋，吃透当地的资源和特色优势，一个县一个规划、一个镇一个规划、一个村一个规划，因地方定产业、因特色定方向，在产业布局、品种选择、资金投入、项目安排、政策举措等方面，制定出切合当地实际、针对性强、可操作性高的产业规划。如甘肃陇南发展油橄榄产业，就是抓住了境内低山河谷地带的气候、土壤条件与地中海沿岸油橄榄主产区极为相似的独特地理优势，大力发展油橄榄产业，将资源优势转化为产业优势和经济优势，目前已建成油橄榄基地 60 万亩，产业综合产值达 18.2 亿元，成为全国最大的橄榄油基地。

2. 不断提高农民组织化、专业化程度增强产业竞争力 推动农村发展产业，必须顺应市场经济发展，改变传统的一家一户小农经济模式，创新农村经营体制，把培育和发展农村专业合作经济组织作为提高农民组织化程度和农产品市场竞争力的重要措施来抓，不断推进农业产业化经营。如江西宜春樟树市吴城乡某村，400 余户村民成立了中药材种植合作社，引入龙头企业兴建中药材种植基地，采取"公司＋合作社＋农户"的运作模式，推广科学化、规模化种植，公司负责中药材的育苗、种植、管理、销售，合作社负责土地流转、劳务用工及相关协调服务，农户将土地入股给合作社，平时在基地务工，基地产生收益后公司、合作社、农户三方按比例分红，农民人均增收 1 万元以上。

3. 不断提高职业技能抓好劳动力双向转移　就业是民生之本，是稳固脱贫攻坚成果和实施乡村振兴战略的重点。必须持续强化农村劳动力的职业教育培训，为农村产业发展提供更多的劳动力保障，同时坚定不移地推动脱贫地区和相对落后地区农村劳动力外出务工就业，不断健全政策，引导外出人口特别是有一定技能和资金积累的人员返乡入乡就业。如青海海西州格尔木枸杞种植面积超过 10 万亩，不但解决了当地农民的就业问题，还在每年的枸杞采摘季节引入四川、河南等地的务工人员超过 2 万人。又如青海海东化隆县采取县内集中培训和赴外省上门服务等模式，大力进行拉面产业人才技能培训，既培训没有相关技能的农民"生手"，又培养提高已经从业的拉面师傅，取得了良好的实效。

4. 加强农村物流及信息化建设融入统一大市场　要加快农村物流及信息化建设，以畅通乡村物流为重点，提高农村物流网点覆盖率，按需建设和改造提升农村集贸市场、商业网点等，加快培育农村龙头型网店，不断推进乡村信息化和网络建设，推动农村产业融入全国甚至世界大市场。如甘肃陇南市是全国电商扶贫示范市，在 9 个县（区）建设了县、乡、村三级电商扶贫综合服务中心，开办网店 1.4 万多家，创建了一批电商扶贫示范网点，利用视频直播、网红代言、社交团购、电子竞技、扶贫众筹等多种手段，开展电商营销当地的茶叶、橄榄油、花椒、食用菌、腊肉等农副产品，将产品买到了全国各地并出口美国、意大利、泰国、荷兰等国，至 2021 年全市累计销售 200 多亿元，带动就业人数超过 22 万人，直接让 15 万群众摆脱了贫困。

5. 继续抓好基础设施建设提高产业支撑能力　要把农村基础设施建设规划放在新型城镇化、县域经济发展的全局中谋划设计，拾遗补缺不断完善区域内水、电、路、气、垃圾处理等薄弱环节，注重完善布局集约化配置，促进城乡基础设施互联互通，确保农民生产生活基础不断改善，产业支撑能力不断增强。如甘肃临夏东乡县，针对区域极度缺水的难题，加大饮水管网铺设改造，狠抓供水管理运行，彻底解决了农村地区自来水入户问题，有效保障了农村饮水安全。又如甘肃甘南舟曲县，该地聚焦农村地区人畜分离、垃圾处理、环境整治、公共服务、水电路网等基础设施升级改造，打造的一批生态体验型、休闲度假型、民俗文化型村庄获得广泛好评，区内交通便利、环境优美、设施齐全，既改善了当地农民生活，又吸引了众多游客，乡村旅游取得良好收益。

关于脱贫攻坚与乡村振兴有效衔接的几点思考

范小建

脱贫攻坚取得胜利后，要全面推进乡村振兴，这是"三农"工作重心的历史性转移。在"两个一百年"奋斗目标的交汇点上，原国务院扶贫办整体转置为国家乡村振兴局，是实现从脱贫攻坚与乡村振兴有效衔接的重要保障，肩负着独特的历史使命。作者围绕扶贫减贫、乡村振兴问题进行深入思考，从宏观上和思想层面提出了实现从脱贫攻坚与乡村振兴有效衔接的意见建议。

一、关于减贫问题的再认识

（一）如何认识中国的扶贫史

中国扶贫取得巨大成功最重要的经验，是坚持中国共产党的领导，坚持社会主义制度。原国务院扶贫办整体转置为国家乡村振兴局，扶贫办不存在了，如何认识中国的扶贫史？没有扶贫办，不等于没有减贫。国际上多数国家没有扶贫办，但都有减贫。扶贫办撤销了，中国的减贫还要继续。全面推进乡村振兴，扎实推进共同富裕，必然继续减贫，缩小差距。因此，解决好相对贫困问题必是题中应有之义。回顾历史，从纵向的角度看，扶贫办成立之前就有减贫，扶贫办撤销了，也一定会有减贫；从横向的角度看，没有扶贫办时，国家在做减贫，有了扶贫办，成为中国扶贫一道靓丽的风景线，但作为国务院议事协调机构的办事机构，不能认为只有扶贫办才做减贫，而别人都不做，更不能认为只有扶贫办做的事情才是开发式扶贫，而别人做的事情都不是开发式扶贫。对改革开放以后的减贫事业要始终从大扶贫的角度去认识。"八七扶贫攻坚计划"、前后两个《中国农村扶贫开发纲要》，都应该从大扶贫的角度去解读。对于"体制改革推进减贫"大家是有共识的，那时候没有扶贫办；后来，解决中国人的吃饭问题、发展乡镇企业、推进城镇化、减轻农民负担、取消农业税、建立农业保护体系和农村的社会保障体系，虽然不是扶贫办做的，但都是减贫。它们是针对不同历史时期突出的矛盾和致贫因素，在可能的情况下从宏观上所采取的减贫措施，都产生了显著的减贫效果。有人认为改革开放前三十年没有"扶贫"，但不能说没有减贫。为了改变国家一穷二白的面貌，党领导农民进行社会主义改造，是为了防止两极分化，从制度上根除贫困的伟大壮举；大兴农田水利基本建设，从根本上提高了农业的抗灾能力，是提升农业生产能力的重大举措；大寨、红旗渠是在极其艰苦条件下改变落后面貌的必由之路，发扬了自力更生、艰苦奋斗的伟大精神。这些经验，对于今后的减贫工作来说，都弥足珍贵。

（二）如何认识精准扶贫

精准扶贫是重大决策，打赢脱贫攻坚战是人间奇迹。为什么会有"精准扶贫"？总书记的话讲得非常明确，"扶贫开发推进到今天这样的程度，贵在精准、重在精准、成败之举在于精准"。可以理解，这句话有非常明确的两层含义，一是扶贫开发是一个历史过程。不同的历史时期，在不同的历史条件下，针对不同的矛盾和问题，有不同的解决办法。以往的办法发挥了积极的作用，但发展到今天这个程度，要有新的对策。二是现在就是要强调精准扶贫。已经到了这样一个阶段，不能仅靠经济增长带动减贫。发展的差距（包括基尼系数）越大，对减贫的带动作用就越小，越需要专项的减贫措施和手段。何况，许多新的减贫政策都存在落实不精准的问题，预期的政策效果大打折扣。所以要"六个精准"。要精准识别、精准立项、精准投入、精准施策、精准帮扶、精准脱贫。再加上已经到了全面建成小康社会的关键时期，"小康不小康、关键看老乡""全面小康一个都不能少"，现行标准下贫困人口全面脱贫是全面小康的底线目标。虽然当时贫困人口的规模还比较大，但也等不得了，既要精准扶贫，更要打赢脱贫攻坚战。即便有些措施带有短期性，也必须服从总的目标，不然，全面小康就是不完整的。所以，要立军令状。从这个角度说，精准扶贫、脱贫攻坚战是一个历史的、必然的选择。

（三）如何认识当前的历史性转换

打赢了脱贫攻坚战，消除了绝对贫困，主要矛盾变化了，农村工作的重点就要从脱贫攻坚向全面推进乡村振兴转换。这是一个历史性的转换。从减贫工作自身而言，实际上走到了一个岔路口，面临着两种选择，这也是目前一些同志困惑的原因。这两种选择：一是按照"三农"工作的路径，走向全面推进乡村振兴；再一个是按照减贫工作的路径，从解决绝对贫困走向解决相对贫困。这两者并不相互排斥，有着非常密切的联系，但在业务方向上又有不同。从中央目前的部署看，给扶贫系统的选择显然是前者。而对于后者，国家显然另有考虑。实际上，我国的农村减贫与城市减贫是两套体系，改革开放以来始终是并存的，这是城乡二元结构在减贫领域的体现。并不像有些人所说的那样，只有农村才有扶贫，而城市没有，或者说城市没有开发式的扶贫。从减贫工作的角度讲，下一步的减贫工作可能不是用农村的减贫体系去覆盖城市，而是逐步用城市的减贫体系去覆盖农村。因为城市减贫体系可能更适合现代社会保障体系建设的需要。既然如此，在农村减贫领域，原农村扶贫系统也必然地要逐渐从主角变为配角。相应的，巩固拓展脱贫攻坚成果，防止大规模返贫就是主要任务。扶贫系统的同志如果在思想上绕不过这个坎，在工作部署和具体政策的执行上就难免会产生盲目性、缺乏自觉性。

（四）如何看乡村振兴框架下的减贫工作

巩固拓展脱贫攻坚成果与乡村振兴有效衔接，有一个重要的衔接点，就是返贫标准。防止返贫或防止大规模返贫要合理制定监测标准。如果把现行贫困标准作为监测标准，五年后防止返贫的任务将不复存在。但防止返贫是长期任务，乡村振兴要有减贫和带贫机制，返贫监测标准应该与农村低收入标准相衔接。如果将各地农村低保标准作为返贫监测标准就可以实现这个衔接。因为农村低保标准是低收入群体的核心指标，且逐年调整，能够适时反映农村相对贫困的状况和要求，是乡村振兴战略的天然组成部分。

在做好防返贫工作的同时，还要理清乡村振兴框架下脱贫地区发展的政策格局。"八七扶贫攻坚计划"之后，从减贫的角度看，我国农村的区域发展格局分为东部和中西部。东部地区自求发展，自谋减贫之策，同时继续承担东西扶贫协作的任务；而中西部地区则由中央统一部署，一体推进。打赢脱贫攻坚战之后，国家政策出现了明显变化，东部任务不变，东西扶贫协作改为东西帮扶协作；而中西部地区则进一步分化。中部地区没有设立国家乡村振兴重点帮扶县，只有脱贫县，在脱贫县当中可以自行确定一批省定重点帮扶县；而西部地区除西藏、新疆比照国家重点帮扶县政策实行整体帮扶外，其他 10 个省份可以分为脱贫县与非脱贫县，在脱贫县内部又有国家乡村振兴重点帮扶县和省定乡村振兴重点帮扶县，脱贫县当中，可能还会有部分非重点县。西部地区还要继续接受东部地区的对口帮扶。这样的一种政策格局，给下一步的多样化发展提供了空间。各地自由选择发展路径的余地更大。由于各地经济社会发展水平不同，推进乡村振兴的起点存在很大差异，多样化选择也带有必然性。一个是政策设计的差异性，一个是发展本身的差异性，客观上要求国家有关部门在政策指导上充分尊重各地的探索和选择，坚持一切从实际出发，不搞"一刀切"。只要守住不发生大规模返贫的底线，乡村振兴坚持因地制宜、分类指导是一条重要原则。

二、乡村振兴的目标和底线

在扎实推进共同富裕的背景下实施乡村振兴，比单纯"解决相对贫困"有更高的历史站位。从共同富裕的要求看，乡村振兴的目标不仅需要定性，更需要量化，要有几条不可逾越的红线。

我认为，必须在目标上明确四个量化的指标，即城乡差距、区域差距、收入差距、脱贫农民收入增速。从农民人均可支配收入的角度讲，城乡差距、区域差距和收入差距不能再扩大，而且要逐步缩小，与此同时，脱贫地区农民人均可支配收入的增长幅度要始终高于全国平均水平，这是保证前三个指标不再扩大并逐步缩小的一个重要前提条件。

还要有几条底线性指标。第一个是不能发生大规模返贫，这是巩固拓展脱贫攻坚成果的需要；第二个是不能突破18亿亩耕地的红线，中国人的饭碗要端在自己手上；第三个是农产品质量安全的标准，高质量发展的中国农业，一定要有质量安全的保障；第四个是农村劳动力非农就业的比重要稳步提高，在一产比重持续下降的前提下，如果农村劳动力非农就业比重不增反降，农民收入不可能提高。

三、乡村振兴的几个着力点

一是投入。用一些扶贫专家的话说，从投入的角度讲，脱贫要越过一道"关键性门槛"。这个关键性门槛是指一定的投入水平。不然，扶贫就是一壶"永远烧不开的水"。脱贫攻坚的投入有门槛，乡村振兴的投入也有门槛。达不到一定的强度，成果就难以显现。基础设施、公共服务都不能停留在现有的水平上，需要有大幅度的提高，包括设施农业、农产品加工、储藏、运输、电商及网络营销等产业链的建设、农业劳动力素质的提高等。

二是政策法规。已经制定了《乡村振兴法》，还应当制定农村投资法或农村金融法。农村基础设施的投入应该以财政为主，而产业发展的投入应该以信贷资金为主。农业总体上是个薄利产业，风险高、投入回报率低，现有商业金融对于农业和农村的投入取向和状况不可能根本改变。要通过立法来保护农业产业、鼓励农业投资，保护农业投资的合理利润水平。由于本地生长的农牧业龙头企业需要一个较长的成长期，且缺乏销售网络，应鼓励外地大型工商企业进入农村，同时处理好与当地新型经营主体的利益关系。现有农村小额信贷政策要进一步完善。

三是组织化。脱贫攻坚的一个有效举措是结对帮扶，不只是地区对地区的结对帮扶，而且是人与人、户与户的结对帮扶。结对帮扶的效果显而易见。但同时也有一个问题，即存在一种"挤出效应"。这里说的是对农民组织化需求的"挤出"。因为结对帮扶解决的问题，往往是农民组织化需要解决的问题，既然通过结对帮扶可以解决农民生产生活所需要的各种问题，似乎就不再需要农民自己的组织化。要避免这种"挤出"，就要求在结对帮扶的过程中，把培养农民组织化作为一个重要的考核指标，而不是可有可无。如果说攻坚战时期来不及考虑这个问题，那么进入乡村振兴阶段，就不能不考虑。

四是内生动力。乡村振兴不能建立在"等靠要"的基础上。没有内生动力的乡村也不可能真正振兴。目前脱贫地区的"四个不摘"，即是"扶上马、送一程"的需要，也是缺乏内生动力的一种表现，至少说明现行政策在某些方面带有一定的短期性。在五年"过渡期"不变的前提下，过渡期以后能不能摘，什么时候摘，现在还很难回答，关键取决于内生动力增长的速度和实力。西藏提升内生动力讲了几十年，有成果，但很缓慢。其他脱贫地区如何提升内生动力应该是今后一段时间一个重点研究的课题。

写在我国粮食"十七连丰"之后

陈萌山　钟　钰

　　党的十九届五中全会围绕"优先发展农业农村,全面推进乡村振兴"总的目标,强调要确保国家粮食安全等具体任务。2020年底召开的中央经济工作会议,提出2021年八项重点任务,解决好种子和耕地问题,保障粮食安全位列其中。刚刚召开的中央农村工作会议,再次强调要牢牢把住粮食安全主动权,提出"米袋子"省长要负责,书记也要负责。可以讲,保障粮食安全仍然是2022年乃至今后经济工作,尤其是农业农村工作的重中之重。刚刚过去的2020年,我国粮食生产克服新冠肺炎疫情影响,在遭遇南方洪涝灾害和东北连续三场台风的冲击之后,仍保持了稳定增长的好势头,夺取了自2004年以来的第十七个丰收,来之不易、意义重大、令人振奋。2021年,是全面建设社会主义现代化国家新征程的起步之年,是"十四五"规划的开局之年,如何认识当前我国粮食生产形势,找准现阶段存在的问题,构建新时期政策体系,是保证"饭碗端牢",保障新征程行稳致远必须考虑的重大命题。

一、当前我国粮食生产形势

　　2020年以来,中国农业科学院"中国粮食发展研究"课题组克服新冠肺炎疫情影响,在早稻、夏粮、秋粮收获的关键季节,先后赴河南、安徽、江西、吉林和黑龙江等粮食主产省的10个产粮大县基层访谈调查,结合课题组粮食基点问卷统计,了解的情况与国家公布的统计结果一致,这就是2020年我国粮食再获丰收。从全国来看，粮食总产 6 695 亿千克，比 2019 年增产 56.5 亿千克，实现连续第十七年丰收。其特点是：夏粮、早稻、秋粮三季齐丰，夏粮 1.43 亿吨，同比增长 0.9%，早稻 2 729 万吨，同比增长 3.9%，秋粮 4.99 亿吨，同比增长 0.68%；粮食面积、单产、总产三量齐稳，全年粮食播种面积 175 152 万亩，比 2019 年增加 1 056 万亩，单产 382 千克/亩，比 2019 年增加 0.9 千克/亩，总产连续第六年稳定在 6 500 亿千克以上；粮食布局、结构、品质三面齐优，粮食生产功能区综合生产能力进一步提升，种植结构进一步优化，优质粮比例大幅增加；粮食价格、流通、加工三链齐旺，河南小麦 7 月底市价同比高 5%～10%，江西早稻 9 月市价同比高 30%以上，吉林玉米 10 月中旬市价同比高 15%，黑龙江稻谷 10 月下旬市价同比高 5%，各地粮食流通交易活跃，涌现一大批产业集聚、精深加工的新业态和新模式。

我国粮食自 2004 年以来持续丰收，这在历史上和世界范围都是罕见的。美国在 1975—1979 年连续 5 年丰收，印度在 1996—2001 年连续 6 年丰收，除此之外，联合国粮农组织以及各个国家的统计显示，粮食产量在年际间都是波动的。2019 年，中国粮食总产比 1978 年增产 3 591 亿千克，占同期世界粮食增量的 31.5%。中国粮食的持续稳定发展，为脱贫攻坚、解决 14 亿人吃饭问题发挥了关键作用，也为世界消除饥饿作出了积极的贡献。同时，我国粮食这种长时期、连续保持增产的势头，展现的内在规律和发展趋势，正在改变千百年来靠天吃饭的传统生产局面，我们已经形成与基本国情相符合、与市场经济体制相适应、与国际形势相对接的中国特色粮食治理之道，在应对 2008 年金融危机、2020 年突发新冠肺炎疫情公共卫生事件等重大挑战中，粮食无一例外地成为稳定国内经济社会的"战略后院"，充分体现了习近平总书记粮食安全思想的前瞻性、治国理政方略的科学型和中国特色社会主义制度的优越性。我国粮食生产形成的宝贵经验对制定"十四五"发展规划和 2035 年远景目标提供了重大启示。

这些宝贵经验,我认为有五条。一是通过经营机制创新,逐步把种粮农户纳入现代农业发展轨道。主要是发展土地入股、流转、托管等多种形式,建立小农户与种粮大户、农业合作社等新型经营主体之间的合作关系,实现小农户与现代农业有机衔接,以解决农户经营规模小,土地细碎化,经营者老龄化、兼业化等带来的挑战。二是通过产业融合,逐步把粮食生产融入现代产业体系。主要是发展循环经济模式、全产业链模式、三产融合模式和新型服务模式,以实现一产和二三产业有机衔接,解决种植者收入低、收入不稳定、积极性不高的问题。三是通过社会化、产业化、市场化多元服务,逐步让生产技术进村入户到田。主要是运用各种社会化服务创新,大力发展专业化市场服务,不断提高土地产出率和劳动生产率,以实现单产不断提高、增加总产、改善品质、降低物耗,推动农业高质量、可持续发展。四是通过农田基础设施建设,逐步解决自然灾害对粮食产量的波动影响。主要是加强国家粮食生产功能区和重要农产品生产保护区高标准农田建设,夯实基础设施,提高农业抗御重大灾害的能力,不断熨平各种灾害对农产品产量带来的年际间波动,有效地协调农业供给与社会需求的关系。五是通过政策激励,逐步解决主产区政府抓粮吃亏、农民种粮吃亏问题。主要是用精准政策导向,形成多种粮、多产粮、种好粮的激励机制,大力扶持种粮农民增收致富的能力,大力推动粮食主产区经济高质量发展。

二、我国粮食生产面临的挑战和问题

1. 粮食生产成本偏高,国际市场竞争力不足 与美国等发达国家相比,我国粮食生产成本高,粮食价格缺乏竞争力,导致了"价差驱动型"进口。据测算,2018 年我国稻谷成本每吨比美国多811 元,高 48.4%,小麦每吨比美国多 1 003 元,高 57.59%,玉米每吨比美国多 1 183 元,高 122.94%,大豆每吨比美国多 3 119

元，高 145.11％。中美粮食生产成本最大的差异在人工投入和地租。人工投入方面，中国占 30％～40％，美国不到 10％。地租方面，中国稻谷、小麦、玉米、大豆分别高出美国 42.94％、24.05％、78.41％、143.87％，2018 年中美稻谷生产的土地成本相差 1 131.45 元/公顷、小麦相差 2 126.7 元/公顷。因此，降低人工和土地成本，将是控制我国粮食生产成本、提高市场竞争力，需要着力解决的首要问题。

解决粮食生产成本高的问题，需要从土地入手。地租一方面构成了粮食生产的主要成本，另一方面地租又是土地流转、发展规模种植的主要影响因素。从我们的调查看，每当惠粮政策强化后，地租价格顺势上涨；每当市场粮价看涨、种粮收益有所提高，地租价格随即跟进；每当新的技术模式、种植方式推广成熟后，土地产出增加，地租价格迅速推高，许多粮食大户等新型主体形容地租是个贪婪的"老虎口"，吞噬了市场的红利、政策的红利和科技的红利，极大地影响了新型经营主体健康发展。我们过去强调坚持、稳定和保护承包权是必要的，这是维护农村基本经营制度的前提。从深化改革的角度看，下一步，要聚焦经营权、搞活经营权、规范经营权，这是发展粮食规模经营、推进农业生产现代化的有效措施。我们认为，稳定承包权是确保承包者土地的基本权益，应该包括稳定和规范地租，同时要加大对经营权的支持保护，政策的增量、措施的集成要向经营权倾斜。目的是鼓励土地流转，发展粮食种植新主体，降低生产成本，增强市场竞争力。

2. 粮食主产区财政普遍困难，地方政府持续抓粮积极性不高

2021 年我们调研的农安等 10 个产粮大县，粮食总产量超过 1 300 万吨，占全国粮食产量的 2％，财政收入却仅有 150 多亿元，不到全国财政收入的千分之一。产粮大县对国家粮食安全贡献很大，但自身财力差，基础设施建设滞后、人均支出和人均收入水平不及沿海发达地区一半。调查中农安、五常等县的领导深有感触地讲，东北的黑土地,最大的优势是种粮食,用黑土地来招商引资"种工厂",破坏了黑土地,效果也不好,我们都心疼。如果能够让主产区专心为国家多种粮、种好粮,主要考核种粮,我们就不去搞那些不擅长的工业项目了。

3. 粮食生产水平提升空间大,科技推广装备能力尚有不足

目前农业科技增产潜力巨大,而我国的科技转化水平较低。据农业专家按照现有的创新成果测算,大豆的理论产量为 600 千克/亩,而我国目前生产水平平均亩产仅有 130 千克左右;水稻理论产量为 1 100 千克/亩,我国目前平均亩产 470 千克左右;玉米理论产量为 2 400 千克/亩,我国目前平均亩产 420 千克左右。如何加快缩小我国粮食生产水平和理论产量的差距,当务之急就是要进一步挖掘科技和装备的支撑潜力,充分发挥科技创新对农业产业发展的促进作用。

我们在吉林、黑龙江调研了解到,2020 年 9 月、10 月的三场台风正面袭击东北,造成玉米大面积倒伏,产量影响较小,但增加了收获难度。采用国产收割机收获效率不及原来的一半,收获费用翻了一番,损耗高达 15% 左右,而美国的约翰迪尔、德国的克拉斯能够很好应对倒伏,效率高、损耗低。许多大户和合作社反映,我国农机装备"不用不坏、一用就坏",必须尽快改变我国农机研发、制造落后的局面。

粮食销区和产销平衡区粮食自给率持续走低。数据显示,粮食主销区 7 个省份平均粮食自给率从 2000 年的 51.2% 下降到 2018 年的 17.8%,粮食产销平衡区 11 个省份平均粮食自给率从 2000 年的 90.4% 下降到 67.3%。调研了解,沿海粮食主销省份粮食种植面积下降过大,粮食规模种植、粮食单产水平、粮食机械化耕作水平都普遍低于全国平均水平,这与发达地区经济发展水平很不匹配。西部一些产销平衡省份把稳定粮食与脱贫攻坚对立起来,甚至把粮食作为低效作物强行铲除,增加了边远山区保障粮食供应的压力和风险。

三、关于保障粮食稳定发展的政策建议

在新的发展阶段，中国粮食政策体系急需重新理顺各方关系，进行总体设计和系统重塑。新时期的粮食改革方案，要以习近平新时代中国特色社会主义思想和国家粮食安全战略为指导，深化改革，坚持一个中心、做到两个补偿、兼顾两个市场、突出"两藏"。即坚持市场化改革配置资源这个中心；补偿种粮农民收益、补偿种粮地区利益；兼顾国际国内市场，依靠国际市场调剂量的不足、依靠国内解决质的提升，确保口粮绝对自给；以高标准粮田为重点推进"藏粮于地"建设，以优质品种及其配套技术、农机转型升级为两翼推进"藏粮于技"发展，加快机制创新，实现技术到田、技术到村。

1. 建立以国内大循环为主的粮食安全观 要建立以国内大循环为主，立足国内实现粮食自主的战略目标。粮食作为应对风险挑战的重要基础，要积极纳入新发展格局。要充分看到，农业尤其是粮食，与国民经济其他领域明显不同。我国经济对外依存度还比较高，但粮食已经形成"以我为主、立足国内"的基本格局，必须更加珍惜、不断巩固。当前全球新冠肺炎疫情肆意蔓延，保护主义势力抬头、民粹主义横行，世界经济衰退，外部格局发生深刻调整，国际大循环动能明显减弱。面对复杂形势，粮食生产要始终立足国内，加强国内要素融合、主体对接和市场整合，提升循环质量，从而夯实国内基础、有效防御外部风险。

2. 推进粮食主产区经济社会高质量发展 粮食主产区为保障国家粮食安全功不可没，但与主销区经济社会发展水平差距正在不断拉大。改变"粮食大、经济弱、财政穷"的窘境，是主产区县域经济高质量发展的重要条件，要着力打造种粮大县财政补偿机制。具体来讲，就是要构建中央政府向主产区加大一般性转移支付、主销区向主产区补偿性转移支付的机制，加快补齐主产区基础设施和公共服务短板弱项，保证主产区种粮不吃亏。同时，进一步深化粮食流通体制改革，增强粮食企业发展活力，推动粮食产业集聚，搞活粮食产业经济。完善经营环境、服务体系、基础设施打造粮食产业园平台和粮食产业集群，提升主产区粮食生产技术装备和产业化水平，培育新经济、新业态和新模式。出台鼓励政策措施，如在粮食产区兴办加工业的企业用电按农用电计价，就能有效推动当地农产品加工业的大发展。要强化粮食区域保障战略，在充分发挥粮食主产区优势和作用的同时，分区、分品种研究加强粮食生产能力和保障机制建设，进一步明晰粮食主销区和产销平衡区各自在粮食安全保障方面的责任权利。

3. 强化粮食生产政策支持保障　构筑农业补贴、信贷政策、保险政策"三位一体"的联动支持体系，为种粮农户构建收入保障网，让种粮农户经济上不吃亏；制定支持粮食新型经营主体政策措施，加强土地流转监管力度，有效控制规范地租价格，完善地租价格形成机制，建议以县为单位，采用定级估价等方法，因地制宜确定地租，防止地租水涨船高，有效保障新型经营主体经营权。

4. 精准发力落实"藏粮于地、藏粮于技"战略措施　要进一步加大高标准农田建设力度，提高建设标准，采取先建后补、以奖代补、财政贴息等方式引导金融和社会资本投入高标准农田建设，提升防灾抗灾减灾能力。粮食作物种子选育特别是常规品种选育具有很强的基础性、公益性特征，而且周期长、风险大，需要有相应的投入机制保障。为此，建议国家设立稳定的粮食新品种选育科技重大专项，不断增加经费强度，确保"中国粮中国种"。要切实加强农作物种子知识产权的保护，完善品种管理制度，遏制品种模仿、"套包"等现象，进一步营造鼓励自主研发创新市场环境。要大力推动市场主导型的农业技术社会化服务业发展，建立以公共推广机构、社会力量并行的技术推广服务体系，为种粮农户提供先进的科技支持。建立大学生服务粮食新主体的特岗行动计划，吸引更多科技人才到基层工作和服务。黑龙江省双城区农都玉米合作社以年薪 12 万元聘了一名大学生，有力提升了合作社的发展能力。推动国产农机装备向高质量发展转型，升级国产农机质量与效能，增强粮食作物薄弱环节的机械化水平。加快推进老、旧、小等落后农机报废工作，为种粮农户提供高效的装备支持。

关于推进民族种业振兴的思考与建议

孙东升　钱静斐　杨婷婷

习近平总书记深刻指出，"农业现代化，种子是基础，必须把民族种业搞上去，把种源安全提升到关系国家安全的战略高度，集中力量破难题、补短板、强优势、控风险，实现种业科技自立自强、种源自主可控。"这一重要论述入木三分、直指要害。面对复杂环境和风险挑战，要全面提升中国种业现代化水平，加快推进民族种业振兴，确保作为国家战略性、基础性核心产业的种业安全。

一、种业发展的历史成就

1949 年以来，农作物、畜禽、水产等种业发展取得了显著成就，为农业持续发展提供坚实基础，为中国经济腾飞发挥了重要支撑作用。70 多年来，中国种子事业经历了计划经济时期、改革开放时期、中国特色社会主义新时代三大阶段，实现了民族种业"建起来""好起来"两大跨越，目前正处在奋力实现民族种业振兴的目标。

（一）计划经济时期（1949—1978 年）

在计划经济时期，针对农业缺良种的问题，国家建立并逐步推进种子事业发展，实现了种子事业"建起来"。毛泽东同志将良种选育和推广工作列入农业"八字宪法"。1958 年中央制定"依靠农业社自选、自繁、自留、自用，辅以必要的调剂"的"四自一辅"农业用种方针。1962 年，中共中央、国务院颁布了《关于加强种子工作的决定》，明确指出"种子工作，是农业生产带根本性的基本建设，不容忽视，不能放松"，并提出了"种子第一，不可侵犯"的要求，此后颁布了一系列与种子相关的决定。20 世纪 70 年代中期，杂交水稻种子的发明和推广应用打破了原有的种子供应体系，出现了统一计划、统一生产、统一供种的产供销一体化及集中连片的专业生产基地。1949—1978 年，全国开展了水稻、小麦、棉花等 25 种主要农作物育种工作，育成并推广的品种超过 2 700 个，其中推广面积在 6 万～7 万公顷的有近 300 个品种，对提高产量、改进品质、增强抗病能力起到了重要作用。

（二）改革开放时期（1979—2012 年）

改革开放以来，中国种子事业及种子产业进入快速发展期，解决了种子"优不优"的问题，实现了种业发展"好起来"。20 世纪 80 年代初期，邓小平同志强调"农业靠科学种田，要抓种子、抓优良品种"，全国相继成立各级种子公司，大规模建设各类原（良）种子场和种子繁育生产基地，并通过引进、消化和研发国外先进种子加工设备，制造出一批本土种子加工设备，中国特色种子加工科研生产体系初步建成。1989 年发布的《中华人民共和国种子管理条例》，为强化种子工作的管理提供了法规依据。1995 年，农业部开始实施种子产业化工程，开启我国种子产业化新阶段；1996 年，农业部又发布了《"种子工程"总体规划》，种子工程由此开始成为党和国家"三农"工作的一个重要战略决策。1997 年 9 月，《关于设立外商投资农作物种子企业审批和登记管理的规定》发布，标志着我国种业对外开放正式开始。种业现代化是中国农业现代化的重要组成部分，也是农业面临加入 WTO 的重大应对之策。2000 年 12 月开始施行的《中华人民共和国种子法》，为中国种子市场发展提供了法律依据，标志中国种业向市场经济体制加速转型。2011 年，国务院出台了《关于加快推进现代农作物种业发展的意见》，明确了种业作为国家战略性、基础性核心产业的定位，明确了企业是现代种业发展的主体地位。这一时期，除水稻、小麦、玉米、棉花等主要农作物种子仍有些计划管理外，逐步取消了非主要农作物种子的计划管理，实现了种子到种业的转变，种业产业体系和种业市场体系基本形成，较好地保障了国内农业发展的良种需求。

（三）中国特色社会主义新时代（2013 年以来）

进入新时代，对标民族复兴、瞄准强国战略，中国种业要"强起来"，实现民族种业振兴。党的十八大以来，习近平总书记高度关心重视种业问题，并作出了一系列重要指示，"下决心把民族种业搞上去""解决好种子和耕地问题""开展种源'卡脖子'技术攻关，立志打一场种业翻身仗"，为新时代中国种业改革创新发展指明了发展方向、提供了根本遵循。党的十八大以来，多个中央 1 号文件基本上都强调了要发展现代种业，强化了种业的国家基础性、战略性核心产业地位。2013 年印发的《关于深化种业体制改革提高创新能力的意见》，提出了建设种业强国的目标，开启了中国传统种业迈向现代种业的新跨越。2016 年起施行的新修订的《中华人民共和国种子法》在简政放权、突出市场作用方面做了改进。2020 年发布的《关于加强农业种质资源保护与利用的意见》，是新中国成立以来首个专门聚焦农业种质资源保护与利用的重要文件，开启了农业种质资源保护与利用的新篇章。2021 年 4 月发布的《全国畜禽遗传改良计划（2021—2035 年）》明确提出，力争用10～15 年的时间，确保畜禽核心种源自主可控。2021 年 7 月，中央全面深化改革委员会通过的《种业振兴行动方案》，强调必须把民族种业搞上去，把种源安全提升到关系国家安全的战略高度，实现种业科技自立自强、种源自主可控，再次充分表明了党中央推进种业振兴的坚强决心。目前，国产抗虫棉品种市场份额接近100%，水稻、小麦、大豆用种均为自主选育，基本实现中国粮用"中国种"，农作物良种覆盖率在 96% 以上，自主选育品种面积占比超过 95%；畜禽良种繁育体系基本建成，畜禽核心种源自给率超过 75％，奶牛、生猪、肉牛蛋鸡、肉鸡和肉羊等引进品种的本土地化选育进程加快，与国际先进水平的差距在缩小。

二、种业发展面临的突出问题

中国种子事业经历了从无到有、从小到大的飞跃，从种子到种业、从计划到市场的跨越，种业发展取得显著成绩，实现种业"强起来"已成为中国振兴民族种业的工作重心。

1. 种业市场资源优势凸显，种业企业竞争力较弱 市场是当今世界最稀缺的资源。千亿元级别的种业市场资源是我国种业振兴的巨大优势，要充分利用和发挥国内种业市场大的优势，并巩固和增强这个优势，形成中国民族种业崛起的新发展格局。中国种业企业的国际竞争力还不强，缺少航母级别的种子企业，农作物种业企业 5 000 多家，其中 373 家资产超过 1 亿元，仅有隆平高科企业跻身全球种业前 10 名，但与排前两名的拜尔、科迪华的差距非常明显。

2. 种质资源比较丰富，资源利用有待加强 中国农业种质资源丰富，是种质资源大国，正在建设种质资源强国。在数量上，种质资源超过 75％ 为国内资源，起源于国外的资源占比还有差距。在质量上，优异且有特色的资源不足，部分良种核心种源对外依存度仍然较高，如甜菜、油葵等国外品种几乎占领中国市场，祖代白羽肉鸡、大部分优质种牛精液和胚胎主要依赖进口，南美白对虾、虾夷扇贝、海湾扇贝等均为引用品种。在种质资源利用上，创新利用效率不够高，资源精准鉴定、挖掘利用亟待加强。

3. 产学研结合不够紧密，商业育种体系有待提升 育种人才、资源、技术主要由高校和科研单位所掌握，种业企业数量众多规模较小、产业集中度较低、科技创新活力弱，仍处于引进品种、繁种销售、快速盈利的企业还不少。2020 年，农业农村部审定的 14 个水产新品种，基本以科研院所（校）为主体参与，仅有 8 个品种与企业有合作关系。种业研发也还存在与生产实践联系不够紧密的问题，具有变革意义的种业科技成果还不多见。

4. 种业企业数量较大，企业研发活力不足 种业企业"多小散"特征明显，发展速度与核心竞争力提升不同步，研发投入动力不足。5 000 多家作物种业企业多以中小企业为主，前 10 强企业市场集中度只有 15%，八成种业企业主营业务集中在玉米和杂交水稻上，其他特色作物种业企业占比不多，实力也较弱。绝大多数种业企业资金实力与研发实力较低，在良种培育、繁育、推广中发挥的作用有限，在种业科技创新中的主体地位尚未确立。

三、实现种业振兴的对策建议

当前，全球种业已进入以常规技术、生物技术叠加信息化、数字化技术为特征的种业科技革命时代。面对发展机遇和挑战，坚持问题导向是打好"翻身仗"、实现民族种业振兴的现实选择。为此，提出以下四条建议。

1. 分类探讨种质资源保护利用顶层设计，夯实种业创新根基
充分挖掘和利用好农业种质资源是实现从源头上保障种业自主安全的根本途径。建议分类探讨种质资源保护利用顶层设计，针对有重大遗传价值和市场前景的优质资源品种，可以专门制定长远发展规划，并在种质资源库（圃、场、区、基因库）的用地和资金等方面加以重点保障。

2. 通过大项目带动资源整合，凸显种业企业创新主体地位
通过政策强化种业企业做强做大，筑牢种业振兴的市场基础。一是建议设立品种研发大项目，以种业企业为主体带动整合资源，创新科研机构和种业企业间人才合作与流动机制；二是深化科企合作，加快形成以种业企业为主体的商业育种体系和技术创新体系；三是引导中小种业企业走"专精特新"之路，依靠创新培育单项冠军种业企业。

3. 超前布局种业数字化，推动种业升级发展　数字化和人工智能技术在种业发展和育种管理中具有巨大潜力。建议设立种业数字化试点项目，引导种业企业借助信息化、数字化、物联网技术，完成育种有关数据的测量、处理、传输和保存等烦琐工作，提升种业发展质量和活力。

4. 建议召开种业振兴总结表彰大会　对于在振兴民族种业中有重大贡献的科研机构、企业、个人给予表彰和奖励。建议每 3 年左右召开一次种业振兴总结表彰大会。

二、《判断与思考》简报专家文章

基于产业安全构建新阶段农业竞争力观的建议

吴孔明　毛世平　张　琳　孙炜琳　谢玲红　王国刚　陈秧分

　　提高农业质量效益和竞争力是党的十九届五中全会作出的重要战略部署。我国已进入全面建成小康社会、开启全面建设社会主义现代化国家新征程的新发展阶段，需要统筹好安全与发展的关系，更加夯实农业基础，构建基于产业安全的农业竞争力观，从根本上提升新阶段我国农业竞争力。

一、我国农业竞争力的现状与问题

　　1. 总体上，农产品国际市场份额趋于增长，但贸易竞争力逐渐下降　根据《中国农业产业发展报告 2020》测算，1995—2018 年，我国出口农产品国际市场份额总体上趋于增长，国际市场占有率在波动变化中上升，从 1995 年的 2.54% 提高到 2018 年的 4.58%，增加 2.04%。出口农产品贸易竞争力指数从 2000 年起不断减小，2011—2018 年基本都保持在 -0.4 左右，农产品出口处于竞争劣势，净进口相对规模趋于扩大。

　　2. 分品种，谷物、油料竞争力进入下降通道，园艺作物、禽类产品贸易竞争力保持在较高水平，畜产品（不含禽类产品）已不具备贸易竞争力　根据《中国农业产业发展报告 2020》测算，我国出口谷物的贸易竞争力指数值在 2009 年以前的多数年份大于 0，自 2009 年开始持续降低，谷物出口由竞争优势转为竞争劣势。出口油料作物的贸易竞争力指数从 1995 年的 0.65 降至 2018 年的一0.94。园艺作物整体具有竞争优势，但呈下降趋势，出口园艺作物的贸易竞争力指数值从 1995 年的 0.90 降至 2018 年的 0.25，下降 71.8%。出口禽类产品的贸易竞争力指数值在大幅波动变化中趋于下降，竞争优势总体有所减弱。出口畜产品的贸易竞争力指数值自 2008 年起由大于 0 转为小于 0，畜产品贸易处于竞争劣势且净进口规模越来越大。

3. 农业资源相对匮乏和生产成本较高，是制约农业竞争力提升的长期性问题 我国耕地面积 20.23 亿亩，占世界耕地的 9%，人均耕地仅为世界平均水平的 2/5，且耕地质量相对较低，平均质量等级为 4.76 级。人均水资源量只有世界平均水平的 1/5，作为粮食主产区的北方六区（松花江区、辽河区、海河区、黄河区、淮河区、西北诸河区）水资源量仅占总量的 21%。农业经营长期呈现规模小、分布散和兼业的特征，机械装备率低，生产成本高。稻谷、小麦、玉米、大豆人工成本分别是美国的 3.9 倍、13.9 倍、12.1 倍、7.8 倍，土地成本分别是美国的 1.4 倍、3.0 倍、1.3 倍和 1.6 倍。

4. 科技支撑能力不足、缺乏有国际影响力的大企业集团，是农业竞争力面临的主要短板 根据《中国农业产业发展报告 2020》测算，我国农业全要素生产率（TFP）年均增长率从改革开放以来的 3.26% 回落至 1.72%，其中效率是 TFP 增长的主要动因，技术的贡献呈微幅下降趋势，科技支撑能力不足。近年来，我国农业产业资本对外依存度及加工业外资控股率呈现波动上升趋势，本土涉农企业普遍规模较小、集中度较低、国际影响力不高，大型跨国农业企业在产前要素与信息技术供给、产后物流与精深加工等产业链多个环节控制，对我国未来农业安全形成挑战。

二、基于产业安全的农业竞争力观

贯彻落实党的十九届五中全会精神，按照"统筹安全与发展"、使"农业基础更加稳固"的要求，以三大能力建设为核心，构建"安全多元，绿色高效，核心掌控，自主竞争"的新阶段农业竞争力观。

1. 以安全保障力为根本，夯实农业产业竞争力之基 安全保障力是新阶段农业竞争力的前提和基础。在国内外发展环境面临深刻复杂变化的背景下，必须把保障国家农业安全放在更突出、更重要的位置。安全保障力建设以食物安全为基础，以社会安全为底线，以生态安全为红线。其中，食物安全是在确保口粮绝对安全、谷物基本自给，保障生猪等重要农产品供给数量安全的前提下，在食物供给质量上更注重优质安全、营养健康以及满足人民群众多元化消费需求；社会安全是兼顾家庭农场、农民专业合作社等新型经营主体和小农户共同发展，维护国内农产品市场供应的稳定和农户生计可持续，切实确保农民富裕富足和社会长治久安；生态安全是坚持绿色生态导向，高度关注农业资源的永续利用和生态环境的可持续，保护好农业发展的"命根子"。

2. 以产业控制力为支撑，提升农业产业风险抵御能力 产业控制力是新阶段农业竞争力的源泉和支撑，是对核心技术、资本、渠道、品牌拥有足够的掌控或主导能力，表现在开放条件下有效抵御和抗衡外部不利因素冲击的产业安全稳定性。在全球涉农产业链布局对我国农产品影响日益深入的背景下，产业控制力成为农业竞争力的重要支撑。其中，技术控制是国家农业产业安全的重要基石，要加强对重要行业的新品种、新装备、新材料等关键核心技术和"卡脖子"技术的自主攻关和重大突破，扩大以我为主制定优势特色农产品国际标准的范围和数量；所有权控制是采取合资、合作、并购等方式，培建大型跨国公司或企业集团，支持企业从种植环节向产业上下游拓展，实现对产业核心资产、内部控制链条和产业组织的有效控制；渠道控制是重点掌控农产品收购、仓储、物流等供应链关键环节，加强战略性物流通道建设，拓展农业对外经贸布局，提升国际农产品市场定价权。

3. 以市场竞争力为抓手，构筑内循环为主的市场格局 市场竞争力是新阶段农业竞争力的结果和表现，是在开放条件下农业产业在市场上与他国竞争主体相比较的外在竞争结果。从国内市场竞争力来看，我国有 14 亿人口的市场，中等收入群体超过 4 亿人，消费层次不断升级，需求潜力巨大，将农业发展的战略基点放在国内庞大的消费市场，筑牢支撑国内居民健康营养、高品质、多样化需求的食物供给体系，确保新阶段高质量保供目标的实现。从国际市场竞争力来看，我国农业竞争力一方面要集中于若干优势产能，如具有明显成本优势的蔬菜和茶叶品种，获得出口盈利机会；另一方面对不具备良好资源禀赋条件的品种、资源消耗密集型的品种，利用海外市场来弥补匮乏的产能。

三、提升我国农业竞争力的对策建议

从底线思维、支持保护、科技创新、主体培育、组织管理等方面综合施策，切实发挥好政府的组织引导与支持保障作用，从根本上提升我国农业竞争力。

1. 牢固树立产业安全底线，发挥农业在"双循环"中的压舱石作用 在新安全理念和双循环新格局的指引下，进一步调整农业生产的品种结构和区域布局，将关系国计民生和在开放中需要得到重点支持保护的敏感产品明确为战略保护产品，形成国内农业产业结构与国际农产品市场变化动态衔接调整的格局。一是要树立底线思维，确保极端情况下口粮稳定供应，处理好"保产能"与"保收入"关系，促进农民收入持续增加，释放内需潜力。二是对于进口依存度、集中度高的品种，要促进进口多元化、依靠科技加快替代品开发、推动消费结构转变。三是调整和重塑创新链、产业链、供应链、价值链，拓展国内国际"双循环"交集，确保国内农业产业体系更安全良性运转。

2. 完善农业支持政策体系，营造农业竞争力提升的政策环境 一是对国内支持措施进行结构性调整。在遵守 WTO 规则前提下，借鉴美国、欧盟等地经验，低水平、宽范围地实施特定产品的"黄箱"措施，用足非特定产品的"黄箱"政策空间。选择部分"保收入"比"保产能"需求更强的产品实施"蓝箱"措施。二是对贸易保护政策进行结构性调整。统筹考虑主要粮食品种敏感性的时代变化、粮食进口与畜产品进口之间的替代关系，确定优先削减保护的品种。三是对"绿箱"措施进行结构性调整。未来着力点在加强农业科研和推广、开展高标准农田建设、加强农田水利建设、促进土地适度规模经营、推进绿色生产、实施农业收入保险等方面。

3. 加强农业科技研发创新，强化农业竞争力提升的持久动力

一是加强关键核心领域"卡脖子"技术攻关。聚焦作物种质资源保存与分子定向育种、动物遗传资源收集保存及育种与繁殖研发、农业风险管控、智慧农业等领域关键核心技术突破，启动实施种源"卡脖子"技术攻关。二是协同推进农业科技创新与成果转移转化。明确农业科技创新导向由"政府导向"向"需求导向"转变，鼓励农业科技创新主体与成果转移转化主体加强合作，实现科技创新与市场需求有效衔接。三是完善科技创新与成果转移转化收益分配及考核机制。逐步引导私人部门成为农业科技创新投入的主体，强化农业科技创新投入的持续性和稳定性。突出创新成果转移转化在收益分配与个人考核中的重要地位，引导农业科技创新"接地气"。

4. 培育壮大新型经营主体，打造农业竞争力提升的主力军

一是立足"大国小农"国情，推进多种形式适度规模经营。在继续推进土地流转的同时，积极探索土地托管、联耕联种等农业社会化服务方式，促进农业规模化生产。二是优化农民合作经营组织模式，促进合作组织发展。扩大农民专业合作社等合作组织成员异质性，允许更多非农成员加入；扩大农民专业合作组织业务经营范围，逐步开放社区服务、农村金融、农村互助共济等领域业务，提高合作组织盈利能力。三是打造一批跨国大企业，加速全球农业产业链布局。立足农垦系统和农业国有企业现有优势，以深化改革为抓手，打造具有国际市场竞争力、能够稳固国家农业经济命脉和有效抵御外来竞争挑战的农业企业"国家队";以农业产业化龙头企业为依托,引导企业"走出去"成立跨国公司,在适宜领域打造具有国际市场竞争力的农业企业"主力军"。

5. 优化农业组织管理体系,夯实农业竞争力提升的治理支撑

一是进一步强化中央农办牵头的多部委联动工作机制。发挥好中央农办统筹协调、决策参谋、推动督办等职能,完善涉农部委的联动工作机制,建立健全职能明确、权责一致、运转有序的大农业管理体制。二是建立健全农业法律法规。重点加快补齐当前我国农业立法体系中环境类、科技类、金融类、风险防控类等重点领域立法短板。三是有效利用农业行业协会。发挥行业协会在制定行业规范和行业标准、提供行业信息、处理农业企业国际贸易纠纷以及提供行业信息等方面的作用。四是充分发挥农业高端智库优势。组建包括涉农涉外部门与专家队伍的快速反应机制,抓好顶层设计,建立农业竞争力提升重点工作台账和任务清单。

促进"十四五"农业高水平对外开放

李思经　陈秧分　钱静斐

十九届五中全会要求实行高水平对外开放，开拓合作共赢新局面。农业关系国计民生，农业合作彰显人文关怀，促进农业高水平对外开放，对于保障国家粮食安全、提升农业质量效益和竞争力、服务国家政治大局都具有重要战略意义。

一、"十四五"我国农业对外开放的形势判断

（一）百年未有之矛盾凸显期

当今世界正遭遇"百年未有之大变局"，"十四五"时期我国农业对外开放将面临更大的不确定性。一是贸易摩擦与地缘政治竞争，将加剧全球贸易保护主义，深刻影响跨国公司全球布局、农业技术转移与国际农产品贸易，增加农业对外合作风险。二是新冠肺炎疫情期间全球产业链、供应链的循环受阻，国际农产品市场波动加剧，一定程度上凸显了全球化危机，将对各国农业分工、合作战略与发展环境产生深刻影响。三是2020年全球经济严重衰退，极大可能持续到"十四五"期间，国际贸易投资规模将相应萎缩，一些发达国家参与国际农业管理能力下降，一些需要借助国际援助等外部资源来保障国家粮食安全的发展中国家或欠发达国家将承受较大压力。随着国际发展格局演变和地缘政治竞争加剧，中国作为全球最大的发展中国家，农业对外合作和粮食安全保障都将面临多方面的挑战，考验全球化"危""机"的管理能力。

（二）大有可为的战略机遇期

"十四五"我国农业对外开放仍然存在广泛的互惠共赢基础。全球气候变化加剧、跨境病虫害增多、实现联合国可持续发展目标等新情况新任务，均需要深化全球合作，共同应对风险挑战。发达国家占据全球农业价值链顶端，需要通过配置全球农业资源、开拓国际农产品市场等途径，来提升本国农民的生计水平、保障国家粮食安全、获取市场超额利润。发展中国家尤其是欠发达国家的农业发展水平较低，2019 年全球尚有 8.21 亿饥饿人口，主要分布在非洲、亚洲、拉丁美洲及加勒比海地区，从根本上促进这些国家的农业发展，需要深化经贸合作。

（三）伟大复兴的历史跨越期

"十四五"是我国"两个一百年"奋斗目标的历史交汇期，也是全面开启社会主义现代化强国建设新征程的重要机遇期。十九届五中全会明确提出，实行高水平对外开放，开拓合作共赢的新局面，体现了中国进一步对外开放的坚定决心。作为关系国计民生的基础产业，农业问题从来都不是一个单纯的技术问题，涉及经济、社会、环境、政治、文化等方方面面，特殊而又敏感。面对日趋复杂的国际环境及其带来的新矛盾新挑战，以农业对外开放作为切入点，推动农业领域国际秩序和全球治理体系朝着更加公正、合理与可持续的方向发展，以制度型开放来整合全球产业链、价值链、供应链，重塑国际合作和竞争新优势，有助于提升我国的国际竞争力与制度软实力，促进中华民族伟大复兴。

二、农业对外开放的主要短板与瓶颈

（一）农业对外合作的管理体系尚不健全

在对外合作目标方面，农业合作是为了解决国家粮食安全，还是为了提升全球竞争力，或者为了展现负责任的大国形象，政府尤其是基层政府对合作目标及其优先次序、相互关系的理解还不够到位，导致在实际执行过程中，部分主体更加关注、强调经贸合作规模，较少关注经贸合作质量。在支持政策方面，市场开拓、保险信贷、税收优惠、人才支撑、考核机制等方面的支持政策都有待进一步完善，比如，现行的央企考核政策有严格的考核周期、短期经济效益指标，会影响央企布局长期的战略性的农业项目；在组织管理方面，我国农业对外合作职能归于商务部、国家国际发展合作署、农业农村部、外交部等多个部门，虽然成立了农业对外合作部际联席会议制度，但统筹与决策的力度相对受限，与美国农业部海外农业局统管国家对外农业合作事务形成对比。

（二）农业对外合作的管理能力亟待提升

在重大事项应对方面，我国在国际地缘政治竞争应对、全球农业规则制定、重大议题引领、国际舆论掌控等领域的研究不够、经验不足，在当前全球经贸形势复杂多变的背景下，我国在全球农业治理体系中如何从外围走向核心，尚缺乏系统的科学的应对方案。在产业链供应链掌控方面，我国缺乏具有显著竞争力的跨国农业企业集团，84.1%的对外农业投资集中在生产环节，加工、物流、科研、品牌等产前产后环节占比不足5%，主要进口农产品高度依赖于地理距离较远的少数国家，存在国际农产品定价权较弱、对海上运输通道的保障能力不足等问题。在全球粮食安全数据掌控方面，国内涉农涉外数据分散在农业农村、商务、海关、统计、行业协会、高校科研院所等不同部门，国际数据主要来源于联合国粮农组织、世界贸易组织、美国农业部等机构，在数据的及时性、可比性等方面均存在一定风险。在协同推进方面，一是农业对外开放日益涉及政治、经济、文化、外交等方方面面，但农业经贸合作与外交、宣传等方面的互动不足，民心相通、政策沟通、舆论掌控、规则制定等方面的支撑不够；二是农业与非农产业的协同推进不足，尚未形成足够合力来提升农业合作效果；三是农业对外开放各渠道的互促互进不足，如中国在发展中国家援助建设了大量的农业技术示范中心，其在投资跟进、贸易创造等方面的效果还需加强。

三、促进农业高水平对外开放的若干建议

（一）编好"十四五"农业对外合作规划

一是明确国内、国际两个维度，基础（粮食安全）、高级（竞争力）、终极（影响力）三个层次的目标体系，厘清农业对外合作底线与任务导向。基础目标侧重粮食安全，包括实现国家粮食安全与联合国可持续发展目标；高级目标侧重质量效益与竞争力，包括提升国家农业竞争力、助推全球农业可持续发展；终极目标侧重外交，包括提升中国在全球粮食安全与农业治理领域的话语权与影响力，助推建立更加公平合理的国际治理体系，为实现全球农业可持续发展、消除饥饿贡献中国智慧。二是将"双循环"理念融入"十四五"规划，对内突出全产业链视角，针对国内生产端农产品存在阶段性供过于求、消费端存在食物浪费与膳食营养不均衡、进口的各类农产品存在较大程度的替代或互补关系等情况，从全产业链视角来审视中国的农业发展与食物安全问题，立足国内总体上实现农业与粮食系统的良性循环，进而提高农业对外合作目标与措施的针对性；对外需要强调战略耦合，将东道国的需求与我国的战略需求相结合，将企业需求与国家战略需求相结合，既有利于我国更加从容地应对农产品供求紧平衡、贸易摩擦等内外压力，也可事半功倍地提高双方农业合作效果。三是分区域分产品制定经贸合作策略，根据农业对外开放目标，考虑各区域发展诉求、经贸基础与多边双边关系，划分粮油生猪等重要农产品、大豆等进口依赖型重点农产品、特色农产品（粮经作物、园艺产品、畜产品、水产品、林特产品等），因地制宜处理好农业投资、农产品贸易、技术合作、民间

交流、农业政策沟通等方面的优先次序与重点任务，切实提高农业走出去与农业外交质量。

（二）提升农业对外合作治理能力

一是组建专门的海外农业行政机构。借鉴美国农业部全权负责美国涉农经贸事务、下设海外农业局的经验做法，立足已有的农业对外合作部际联席会议机制基础，组建专门的对外农业合作管理部门，全权负担基础数据管理、市场开拓、政策制定、跨国涉农企业指导等方面的职责与权限。二是建立完善全球农业合作与发展大数据平台。建议尽快建立由农业农村部统一管理的全球农业生产与农产品贸易数据监测网络，通过遥感监测与估产、设置农业参赞、依托行业协会等手段，及时准确收集全球行情信息，通过商务部备案、保险公司数据汇总、驻外使馆信息登记等途径，及时准确收集中国涉外经贸数据，服务全球农业治理决策。三是健全农业对外合作支持政策体系。明确将中国与东道国双赢作为政策支持目标，以效果为导向出台专项支持举措，优先解决农业对外开放最迫切需要的信息、保险、境外保护等难题，人才、法律等方面则可交由企业通过市场进行配置。针对农业生产周期长、风险高、战略意义大的行业特征，结合商业可持续与国际营商规则，研究调整现行央企考核政策，对战略性的农业项目延长考核周期、调减短期经济效益指标。不同类别、不同规模企业可以同等享受国家政策支持。四是实施国际农业合作舆论引导与形象提升工程。充分利用联合国可持续发展目标（SDG）以及多边双边机制平台，在国际通行语境下推进农业对外开放，掌握道德制高点，淡化意识形态领域宣传。五是强化多边合作机制的作用。积极参与世界贸易组织（WTO）、联合国粮食及农业组织（FAO）等联合国涉农机构的改革，利用联合国粮农三机构、世界贸易组织等国际机构以及"一带一路"、金砖五国、自贸区等多边合作框架，加强数据共享、市场监测、经贸政策等方面的协调共商，逐步主导农业领域的全球合作。

（三）高质量共建"一带一路"

"十四五"时期，我国尤需做好对东盟、中亚、南亚、俄罗斯等临近地区和"一带一路"沿线地区的农业经贸布局，这既符合地理距离决定规律，也可形成与发达国家错位竞争，减少地缘压力。同时，还可以利用当地食品加工与流通体系尚不健全的潜在机会，促进中国对外农业合作在当地的全产业链发展，提高全球农产品的定价权与渠道把控力。其重点，一是鼓励采取不涉及权属转移的对外投资方式，以合资、合作等方式加大对"一带一路"沿线国家仓储、港口、船运等物流体系的投入力度，依托境外农业合作示范区、农业技术示范中心等既有平台，逐步建立由农场、农机、仓储物流、运输加工等上下游行业构成的现代化境外农业产业体系，形成全产业链掌控能力，促使对外农业合作提质扩面；二是重视双边及多边协议的加持，做好尽职尽责的可行性论证，提供信息与保险支持，助推企业更好地化解各类风险，提高项目的可持续性；三是扶持壮大中国驻东道国商会、行业协会等支撑主体，强化协会在行业自律、价格协调、应对纠纷、抵御海外风险、市场开拓等方面的作用，为企业开展对外经贸合作创造良好环境。

从脱贫攻坚到乡村振兴的衔接与转型

陈文胜

从脱贫攻坚到乡村振兴的有效衔接与转型，也是从全面建成小康社会到全面实现现代化的有效衔接与转型，这两大衔接与转型接续相继，是中国经济社会发展的大转型。全面建成小康社会的脱贫攻坚为推动解决绝对贫困向解决相对贫困的农业农村现代化战略转型提供了动力，中国大国小农的国情是实施乡村振兴战略的现实基础，而中国特色社会主义乡村振兴道路提供了有效衔接与转型的战略目标。

一、在发展理念上，更加注重可持续性，遵循乡村发展规律

脱贫攻坚到乡村振兴的有效衔接与转型决不仅是一个政策性问题，不能偏重于现实层面和实践经验层面关注实践的运作逻辑，而需要更多地探讨全面现代化进程中发展理念等深层次理论问题与制度逻辑。因此，脱贫攻坚与乡村振兴的战略目标和战略任务有效衔接与转型是重点和难点，其思想和理念是战略目标和战略任务有效衔接与转型的基础和前提。推进脱贫攻坚到乡村振兴的有效衔接与转型，需要以历史的眼光和全球化的视野，将大国小农的国情与新型工业化、新型城镇化、信息化、农业现代化与粮食安全等一系列问题联系在一起，置放在马克思与恩格斯关于城乡关系的理论逻辑、中国特色社会主义现代化进程中工农城乡关系的历史逻辑、全面建成小康社会背景下城乡融合发展的现实逻辑、国家治理体系和

治理能力现代化的制度逻辑中去考察,从中国乡村发展变迁的总体脉络中研判农业农村现代化规律与趋势,回应新时代中国特色社会主义乡村振兴道路的新要求。

脱贫攻坚与乡村振兴两大战略的衔接与转型,也就是战略重点由解决绝对贫困问题为主的"攻坚体制"逐步向实现乡村振兴为主的"长效机制"转变,需要从长期目标和短期目标的关系维度,把握乡村振兴战略的综合性、整体性、渐进性和持久性特点,由阶段性攻坚向可持续发展推进。而乡村发展有着独特的自身规律,不仅要顺应经济规律,更要顺应自然规律和社会发展规律,还要确保全球人口大国的粮食安全。而这次暴发的全球性新冠肺炎疫情对全世界经济社会和乡村发展而言,都构成了一个分水岭,都面临着发展理念的反思和发展体系的重构。

二、在要素配置上,更加注重高质量导向,发挥市场决定性作用

脱贫攻坚到乡村振兴有效衔接与转型,是围绕破解城乡发展不平衡、乡村发展不充分的时代难题,向质量变革、效率变革、动力变革的高质量发展转轨。因此,脱贫攻坚与乡村振兴的目标路径如何衔接是关键,如何转型是核心。以全面建成小康社会为新起点,不仅仅只是接续推进脱贫攻坚与乡村振兴的有效衔接,更是推进脱贫攻坚向乡村振兴的全面转型,也就是以解决绝对贫困问题为目标的高动员高投入"攻坚体制"向以乡村振兴目标的常态化常规化"长效机制"全面转型,是从量变向质变的转型。

坚持农业农村优先发展,乡村振兴必然要求政府的优先投入,但城乡要素交换不平等与公共资源配置不均衡是导致乡村利益流失,形成城市对乡村资源的"吸附效应",成为严重制约城乡融合发展的最基础、最重要的原因。解决好这两大问题的关键在于处理好政府与市场的关系,既发挥市场优化要素配置的优势,又发挥社

会主义制度集中力量办大事的优势，推进基于"共同行动"与"共享发展"相统一、公平与效率相统一的高质量发展。十八届三中全会提出要更好地发挥政府作用的同时，发挥市场配置资源的决定性作用，《关于构建更加完善的要素市场化配置体制机制的意见》(2020)，要求发挥市场配置资源的决定性作用，推动经济发展质量变革、效率变革、动力变革，加快高质量发展，为接续推进脱贫攻坚到乡村振兴的有效衔接与转型提供了根本遵循、指明了前进方向。这就需要进一步分析市场与政府在乡村振兴要素配置上的职能边界与相互关系，研究如何发挥市场有效配置要素的功能以及政府服务公众、协调利益、纠正市场失灵的作用，使乡村要素在市场经济中得到激活，让乡村经济发展顺应市场规律，形成从行政推动为主逐步转变为政府引导下市场驱动为主的高质量发展机制。

三、在发展动力上，更加注重农民主体地位，激发乡村内生动力

当前处于全面建成小康社会的历史拐点，从脱贫攻坚战向乡村振兴战略转型，主要矛盾和任务逐步转移到建立乡村振兴的长效机制上来，需要实现从外部"输血"到内部"造血"的战略转型，关键是激发乡村的内生动力。如何按照"产业兴旺、生态宜居、乡风文明、治理有效、生活富裕"的总要求，实现"农业强、农村美、农民富"战略目标，从增强广大农民获得感和适应发展阶段的关系看，必须坚持农民的主体地位，合理设定阶段性目标任务和工作重点，着力解决农民群众最关心、最直接、最现实的利益问题，以充分调动农民的积极性、主动性、创造性。

最大多数人的利益是最紧要和最具有决定性的因素，这是马克思主义的基本观点；坚持以人民为中心的发展思想，是马克思主义政治经济学的根本立场。农民是乡村振兴的建设者，也是乡村振兴的受益者，还是乡村振兴效果的衡量者，如果农民没有积极性，乡

村振兴就必然难以实现。只有把"以人民为中心"这一最具基础性、广泛性的社会发展落实到乡村振兴的农民主体地位上来，广大农民群众才能真正成为中国乡村振兴的主体，才能全面激发农民的主体积极性成为乡村的内生动力，去创造真正属于农民自己的生活。因此，在发展动力上，基于增进农民的福祉，"保障农民的物质利益、尊重农民的民主权利"，必须以农民的动力为基础，在动力机制上实现"党的引领力、政府的推动力、市场的原动力、农民的创造力、社会的协同力"相融合，建立"政府主导、农民主体、社会主力"的"三驾马车"新机制，推进实现"以人为中心"的乡村振兴。

四、在实现路径上，更加注重实现"共同行动"与"共享发展"相统一，探索农业农村优先发展的有效实现形式

发挥社会主义集中力量办大事的制度优势和共产党凝聚社会共识的政党优势，以农业农村优先发展为原则调动和动员全社会的力量与资源推进乡村振兴，会更多地倾向于中国特色社会主义乡村振兴"共同行动"的客观必要性；从乡村振兴和农业农村现代化的目标出发，就应更多地思考中国特色社会主义乡村振兴"共享发展"的客观必然性。社会主义制度优势的"共同行动"，不只是解决基本生存问题以及相对贫困问题，更是缩小贫富差距的"共享发展"问题。"共同行动"是社会主义的制度优势，而"共享发展"是社会主义的制度逻辑。"共享发展"不足，"共同行动"就缺乏实际内容，也就无法形成农业农村优先发展的"共同行动"。"共同行动"与"共享发展"必须统一起来，在"共同行动"中"共享发展"，在"共享发展"中"共同行动"，用"共同行动"促"共享发展"和用"共享发展"保障"共同行动"。

"共同行动"与"共享发展"相统一是需要条件的，在发展中

国家尤其困难。这就需要发挥社会主义的制度优势和共产党的政党优势，突出超越利益群体的引领作用，把加强党的领导贯穿乡村振兴全过程，平衡国家权力相对于社会的自主性和嵌入性，不断提高新时代党全面领导"三农"工作的能力和水平。因此，"共同行动"与"共享发展"的统一性就落在社会主义制度上，同时也要看到，中国本身就具有"共同行动"与"共享发展"的大同社会历史传统与价值追求。所以，"共同行动"与"共享发展"既统一在社会主义制度中，也统一在中国的历史与国情中。

推进"共同行动"与"共享发展"相统一、公平与效率相统一的高质量发展，探索农业农村优先发展的有效实现形式，既要发挥市场优化要素配置的优势，又要发挥社会主义制度优势和共产党的政党优势，来着力破除城乡二元结构问题。在推进城乡融合发展中构建城乡命运共同体，为广大农民推动更加广泛和公正的城乡权益共享，让全社会在共同推进乡村振兴中共享乡村振兴的成果，使农业农村优先发展的有效实现形式成为优化资源要素与集聚社会力量的转换器，实现城乡共同繁荣。

五、在体制机制上，更加注重区域差异性，强调不均衡发展条件下的多元路径

从推进脱贫攻坚到乡村振兴的衔接与转型，要把握好一般性和特殊性的关系。一般性就是人类社会乡村变迁与农业农村现代化的一般趋势及其在中国的体现，核心是按照农业农村优先发展的要求重塑城乡关系，使工农互促、城乡互补、全面融合、共同繁荣的新型工农城乡关系加快形成，着力解决城乡发展不平衡乡村发展不充分的问题，使乡村的发展进程不再为了服从工业和城市的需要而延缓。特殊性就是不同区域不均衡发展的历史和进程的差异，最大的挑战就是如何把它们统一起来。从顶层设计与基层探索的关系看，必须充分考虑到中国幅员辽阔，地区间由于地理位置、资源禀赋、

历史基础、政策取向等多方面原因导致非常复杂的差异性，呈现区域不平衡发展的现实特征，不可能一个目标、一个模式同步发展，迫切需要有自上而下的国家整体制度安排与自下而上发挥亿万农民的主体作用和基层首创精神相结合，实现战略目标的一致性与实现路径的多元性相统一。

这就要求我们既要超越碎片化的问题意识，又要运用大国制度创新，注重地方创新的特殊规律。一是从全局看趋势：工业化使乡村人口不断向城市集聚，这个过程一直就是人类现代化的历史进程；而实现中国的农业农村现代化，就必须根据中国特色社会主义乡村振兴道路的制度框架和价值目标的要求，把脱贫攻坚到乡村振兴的有效衔接与转型的体制机制与制度构建，落实到重塑城乡关系、走城乡融合发展之路上来，这是中国现代化进程中对乡村经济社会发展的必然要求与发展趋势。二是从区域看差异：全面建成小康社会后的乡村振兴需要根据中国特色社会主义乡村振兴道路的制度框架和价值目标的要求，研判不同区域、不同经济社会发展水平从脱贫攻坚到乡村振兴有效衔接与转型的战略一致性，审视不同发展类别、不同发展阶段从脱贫攻坚到乡村振兴有效衔接与转型的差异性，把整体层面与区域层面的现实、趋势、政策结合起来，建构战略目标一致性与路径多元性相结合、国家整体制度安排与地方因地制宜探索相结合、基础性制度体系与差异性政策体系相结合的集成化政策方案。

2021年农村居民增收形势判断与对策建议

谢玲红

2021年要巩固经济恢复性增长基础，居民收入稳步增长是重要发展目标，要重点关注农村居民收入增速缓慢，及其对消费的制约问题。年内农村居民增收形势如何？要集中应对哪些挑战？怎样促进收入增速恢复？这些重大问题，对于改善民生、扩大内需、构建新发展格局意义重大。

一、农村居民收入增速恢复，农村内部收入差距扩大

2021年，农村居民收入增速难以与经济增速保持同步，中等偏下收入组增收缓慢将拉大农村内部差距，随着服务业在四季度的全面复苏，农村居民增收将恢复常态。

（一）农村居民收入增速与经济增速难以同步

2021年，我国经济增长预期目标是6%以上，但也不排除全年实现8%左右的增速。世界银行、国际货币基金组织、中金公司分别预测2021年中国经济增速为7.9%、8.1%、9.0%，据此预测结果，我们预测2021年农村居民收入增速分别为7.8%、8.1%、8.8%，在实现经济增速冲高的情况下，农村居民收入增速将低于经济增速0~0.2个百分点，将为近10年来农村居民收入增速将再次低于经济增速。在经济增速前半年冲高、后半年回落的大趋势下，二者季度增速的偏离更加明显，农村居民在遭遇百年罕见冲击

后，收入恢复更难、周期更长，对此要保持足够的战略定力。

（二）中等偏下收入组增收缓慢将拉大农村内部收入差距

在农村五等分收入组中，中等偏下收入组增收乏力，不利于缩小农村和城乡收入差距。2018 年以来，贫困地区农村居民收入增速比全国平均水平高 1.8 个百分点。2021 年，低收入组贫困人口将持续获得政策支持，中等偏下收入组获得的支持力度不及建档立卡贫困户，导致高收入组与低收入组的差距缩小、与中等偏下收入组的差距拉大。此外，在城市非正规就业的农村劳动力，受制于消费类服务业恢复缓慢，增收稳定性不容乐观。农村中等偏下收入组增收缓慢将成为缩小农村内部和城乡收入差距的不利因素。

（三）农村居民增收与服务业复苏形势在四季度同步好转

服务业复苏是农村居民增收的决定性因素，乐观预计，餐饮、住宿、旅游等服务行业在 2021 年四季度恢复常态，农村居民增收随之恢复。服务业的决定性影响表现明显，工资性收入在农村居民可支配收入中的比已达 41%，在服务业就业的农民工高达 51%，住宿餐饮业更是吸纳了 2 000 万农民工。春节前的局部散发新冠肺炎疫情迅速得到控制，疫苗接种率进一步提高，精准防疫能力持续提升，积攒一年多的消费需求，有望从五一、暑假开始推动服务业加快复苏。服务业在国庆节后将恢复常态，带动农村居民工资性收入增速恢复。

二、有效需求不足冲击农民经营性收入，产业结构转型影响农民工资性收入

2021 年，农产品滞销、乡村旅游有效需求不足仍然制约经营性收入增长，要重点关注快递、外卖、网约车等数字化行业就业增收减弱的问题，制造业结构调整和数字化转型的影响也不容忽视。

（一）经营性收入：农产品滞销、乡村旅游有效需求不足问题突出

受新冠肺炎疫情冲击，农产品销售环节薄弱的问题更加突出，严重制约农户尤其是贫困户的经营性收入增长。经济作物和乡村旅游是农村居民经营增收的主要产业，但是，鲜活农产品生产、加工、储藏、物流产业链不健全，脱离市场需求盲目种植，低端同质化竞争，苹果、柑橘、番茄、大蒜、辣椒等主要产品产销对接难、产品销售难、"丰产不丰收"矛盾突出，农民经营增收困难。乡村旅游、民宿民俗等行业停摆时间较长，叠加基础设施水平低、旅游产品特色不足等既有问题，有效需求不足问题将更加突出，严重制约行业就业增收作用发挥。

（二）服务业工资性收入：新业态数字化转型的就业增收效应减弱

在新冠肺炎疫情影响下，服务业数字化转型加快，农村低技能群体首当其冲面临就业冲击和增收压力。快递、外卖、网约车等行业在快速扩张期，带动农村转移劳动力就业增收。但是，上述行业已出现岗位增长趋缓、用工要求趋严、工资收入趋降态势。部分大学生乃至研究生开始转向快递行业，2020 年上半年，美团大专学历以上骑手有 72.9 万人（包括近 7 万硕士生），低学历、低技能农民工将面临更激烈的竞争。据新华网报道，快递派送费已由1.5～2元/件降至 0.4 元/件，每单利润仅有 0.25 元，部分快递员月收入相比 2018 年下降 50％以上。

（三）制造业工资性收入：传统制造业仍处于用工结构调整阵痛期

在沿海与内陆、国际与国内、机器与人工之间，传统制造业结构调整尚未到位，农村转移劳动力摩擦性失业问题将更加突出，增

收空间受限。中西部制造业产业链、供应链仍不完备，在新冠肺炎疫情影响下经营更加困难，难以支撑农村劳动力就业增收。全球新冠肺炎疫情形势逐渐好转，其他制造业大国出口将逐步恢复，2021年，我国制造业出口将回调，农村劳动力增收面临新挑战。"机器换人"更为普遍，搬运、码垛、装配、焊接、喷漆等简单重复性劳动岗位加速消失。农村新成长劳动力接受的数字化技能培训不足，难以适应岗位新要求。

三、对策建议

促进农村居民收入恢复增长的重点工作有以下四个方面。

（一）强化中等偏下收入群体收入监测和帮扶工作

把中等偏下收入群体增收摆在更加重要的位置，防止返贫和新的致贫。一是研究制订农村中等偏下收入群体收入增长行动计划，防止农村内部和城乡收入差距扩大。二是加强监测预警防止返贫，针对脱贫不稳定户、收入略高于建档立卡贫困户的边缘人口、刚性支出明显超过收入及收入大幅缩减的困难户，加强收入动态监测预警。三是健全分层分类帮扶机制，确保丧失劳动能力家庭兜底保障，探索对有劳动能力低收入群体动态给予与工作努力程度挂钩的现金补贴，鼓励筹措社会帮扶资金为重点监测对象购买防贫保险。

（二）着力提升农产品和服务的供需匹配度

建立更加适应市场化机制的种养业、旅游业发展机制，加快销售环节能力建设，解决增产不增收问题。一是强化信息技术在供需对接环节的应用，健全主要经济作物种植面积、产量、需求量、价格的信息化平台及预警机制，合理引导农民和采购商预期。二是加快建设农产品质量信用体系，开展农产品质量分级试点，支持优质农产品出口并带动标准体系规范提升。出台黑名单管理办法，形成农产品优质优价正向激励机制。三是以高质量供给牵引乡村旅游有效需求，引导以区（县）为基本单元，集中资源发展精品乡村旅游，逐步消除客源分散、服务能力低等突出问题，促进差异化、品质化发展。

（三）加快建立适应数字化转型的技能培训体系

瞄准数字化转型的大趋势和长周期，稳步提高农村劳动力就业适应能力。一是参照人力资源和社会保障部 2020 年度用工紧缺目录，集中开展家政、托育、养老、维修、建筑行业技能培训。二是聚焦数字机床、工业机器人、工业物联网、快递物流、直播销售、汽车代驾等前沿应用及行业，改革培训、实训体系。三是同步推动职业技能培训数字化转型，探索建立远程教学、VR 实践等数字化培训新模式。四是探索用工企业开展数字化技能培训、财政资金予以适当补贴的有效机制。

（四）畅通农村"就业-增收-消费"循环

促进农村经济顺畅循环，夯实就业增收基础。一是支持劳动密集型产业下沉到县域，引导基层政府建立基于成本收益核算和产业链衔接的市场化招商引资机制，为农村创造更多的就业岗位。二是向低收入、特困边缘群体、支出负担较重农村家庭，定向发放贴息贷款，提升消费能力。三是优化农村消费环境，加强县域乡镇商贸设施、到村物流站点和农村生活消费服务综合体建设。

加快推进乡村治理现代化的做法与建议

——基于江西铅山县的调查

周向阳　薛　莉

习近平总书记指出，一个国家治理体系和治理能力的现代化水平很大程度上体现在基层。基础不牢，地动山摇。要不断夯实基层农村社会治理这个根基。中国农业科学院农业经济与发展研究所乡村治理课题组赴江西省铅山县开展乡村治理专题调研发现，通过持续加强和改进乡村治理，才能实现好、维护好、发展好最广大人民群众的根本利益，不断增强农民群众的获得感、幸福感和安全感。

一、江西省铅山县乡村治理的主要做法与成效

铅山县位于江西省东北部，总面积 2 178 平方公里，常住人口48 万人，农村人口 23 万人。2019 年，铅山县入选全国乡村治理体系建设首批试点单位，以此为契机，结合当地实际，贯彻落实中央关于加强和改进乡村治理的各项部署，注重落实落细，取得了较好成效。

1. 推动产业融合，增强治理基础　铅山县通过发展乡村旅游业等现代服务业丰富乡村经济业态，为乡村治理现代化创造更好的经济条件。葛仙山镇依托当地 AAAA 级旅游资源，吸引青年回乡创业，发展乡村采摘业、民宿业，带动农民就业增收；英将乡作为革命老区，挖掘县苏维埃政府旧址等红色文化资源，发展红色文化旅游产业，依托青山绿水生态资源发展有机茶产业和土特农产品种植，探索"红色引领＋绿色示范"的乡村产业融合发展模式，让当

地农民的钱袋子鼓起来。

2. 传承德治文化，增加治理优势　铅山县以文化历史资源为基础深入挖掘乡村传统道德底蕴，通过弘扬和传承优秀家规家训家风，培育文明乡风。葛仙山镇长岭村，以欧阳修后人聚居地为基础，挖掘欧阳家训、葛仙山颜氏家训、河口费氏家规。英将乡周道坞村结合历史典故将"至德文化"作为德治的重要依据，深入挖掘传统文化内涵，倡导"忠孝、尚和、谦让、进取"的文化取向，起到乡风润村的作用。

3. 延伸"神经末梢"，提升治理活力　铅山县从健全乡村治理体系入手，以村民小组、自然村为重心开展微治理，搭建村组议事会，规范议事程序，打通"神经末梢"。同时，铅山县选优配强村"两委"班子工作，加强村党组织对村民小组的领导，完善党员联系群众制度。欧家村修建了宽敞的议事厅，群众利用平日晚间农闲时间随时开展协商议事，讨论庭院清洁等涉及村民利益的公共事务，调节邻里纠纷，化解矛盾。

4. 协商平台建设，创设治理渠道　铅山县搭建"好商量"平台，由乡镇党委组织，让县政协委员、村居干部、经营业者、相关企业、群众代表等不同主体共同参与基层民主协商，利益相关方把想讲的话讲出来、把想提的意见提出来、把遇到的困难说出来，形成的决议提交当地乡镇党委，用于出台措施和具体部署工作的参考。"好商量"平台已经成为畅通社情民意、完善乡村治理的新渠道。

5. 应用信息技术，创新治理手段　铅山县积极推动乡村治理数字化发展，把传统治理方式和线上治理方式结合起来。与互联网通讯企业进行合作，在各村安装"村村享"现代数字化治理平台，通过手机远程操作提高了村干部信息发布的效率，促进乡村治理动态化。县农业农村主管部门搭建"互联网＋"人居环境治理平台，引导村民通过微信公众号进行监管，随时将乱丢垃圾等不良行为拍照上传至平台公布，促使乡村环境清洁常态化。

二、乡村治理面临的突出问题

当前，我国现代乡村治理的制度和政策框架基本形成，乡村治理体系进一步完善。但也应当看到，农村地区乡村治理仍然面临一些突出问题。

1. 治理基础仍然比较薄弱　产业兴旺与治理有效二者存在重要的关联，产业兴旺不仅有利于促进农村集体经济的壮大，还能为乡村治理提供经济支撑。调研发现，一些丘陵地带、山区农村人均耕地面积小、种植业机械化水平低，农业规模化经营滞后，产业链较短，产业融合程度低，农业高质量发展有待加强，实现产业兴旺任重道远。农村集体经济发展缓慢、规模偏小，对农民群众致富增收的带动力明显不足，难以吸引优秀人才回乡开展创新创业活动。

2. 治理主体仍然比较缺失　留在农村的青壮年村民极为有限，导致能实际参与乡村治理的人员总数较少。在一些偏远山区，参与村级事务治理的成员年龄甚至是超过 70 岁的老年人。江西省是中部地区一个典型缩影，农村人口基数大，工业化、城镇化水平落后于东部沿海发达地区，农村青壮年劳动力流动到广东、浙江、福建等省份务工经商现象尤为突出。国家统计局监测数据显示，2019 年，中部地区外出农民工数量最多，达到 6 427 万人，其中，跨省流动 3 802 万人，占中部地区外出农民工的 59.2%。

3. 治理格局仍然不够多元　近年来，农村地区老人、妇女、儿童"三留守"现象突出，加之村民之间交往不频繁，社会关系日渐疏远，农村社会组织发育缓慢，村民呈现"原子化"发展。调研发现，在农村丘陵、山区等地带，农户居住分散，"原子化"现象更加突出，进一步弱化了村民自治能力。行政村覆盖面广，不同村民小组、自然村特点各异，以行政村为治理单元组织村民开展协商议事活动，组织成本高、效果不理想。

4. 治理手段仍然比较传统　进入新发展格局后，农民群众追求美好生活的需要变得更加多样化，传统治理方式难以识别农民群众的差异化实际需求。同时，随着治理资源下沉，治理信息指数级增长，农村基层处理信息数据的手段单一、方式落后等突出短板问题暴露出来。在互联网、5G、人工智能等新技术逐渐普及的条件下，亟须向农村基层引入现代信息化手段，辅助改善乡村治理。

三、"十四五"时期加快推进乡村治理现代化的政策建议

到"十四五"时期末，我国乡村基层治理水平要实现明显提高，要坚持党的领导、坚持农业农村优先发展的战略，准确把握乡村治理创新探索的重点领域，有效化解当前乡村治理存在的矛盾和问题。

1. 坚持党组织引领治理方向，整合三级联动的治理机制　各级党委要加强重点工作谋划，推进本地乡村治理与经济社会发展相协调，积极解决好农村社会民生问题。村级党组织要推动党小组、党员持续引导群众参与乡村治理，夯实党组织在乡村治理中作为主心骨的作用。建立县政协建言献策，乡镇党政部门决策，村级干部、群众代表参与协商，相关利益主体共同研讨的三级联动治理机制，凝聚多方共识、协调多方利益，将农民群众的呼声有效转化为完善基层治理的科学决策

2. 充实多元化的治理力量，提高农民群众的治理能力　完善村干部后备力量培育选拔制度，吸引更多毕业大学生、退伍军人、返乡创新创业人员参与乡村治理。积极发挥妇联、共青团等群团组织在乡村治理的桥梁纽带作用，通过搭建协调平台、承接乡镇政府职能等方式，带动农村社会组织充实治理力量。探索在农村建立实施议事特派员制度，以志愿者或政府购买服务等方式参与，引导帮扶农民群众在村庄规划、环境管护、集体经济发展等事务中边实践边学习，逐步提高群众协商议事能力。

3. 改善要素高效配置的治理条件，丰富数字化信息化的治理手段 加快农村一二三产业融合发展，大力发展绿色食品、有机食品加工，休闲农业，农村电商等现代产业，丰富乡村经济业态。切实推动城乡要素双向流动，增强农村基础设施改造投入，出台优惠政策加强回引青年返乡创新创业，增强农村经济发展活力。顺应大数据、"互联网＋"等现代信息技术普及应用的潮流，加强向乡村引入智慧化、精准化、精细化的治理解决方案和工具，完善在线为民办事服务，引导农民群众参与数字化乡村治理活动。

"抵制新疆棉"事件对我国的影响与对策建议

钱静斐　陈秧分　袁龙江

2021 年 3 月 24 日，国际服装品牌 H&M 基于"强迫劳动"的虚构谎言，声明将抵制新疆棉花及其制品，同为良好棉花发展协会（BCI）成员的多家品牌商纷纷跟进。不难推断，美国是"抵制新疆棉"事件的主要幕后推手，是经济问题政治化，实现遏制和围堵中国发展的战略举措之一。

一、"抵制新疆棉"事件对我国的影响

1. 棉纺织产业将是美西方脱钩断链的重点之一，也有可能扩散至其他产业　"抵制新疆棉"事件表面上是美西方打击我国上游棉花生产，实质是美西方企图以产业链脱钩制造经济脱钩。2020 年，我国是亚洲主要纺织品服装生产国中唯一实现出口额正增长的经济体；美国、欧盟各有 33% 和 43.9% 的纺织品服装进口来自中国。新冠肺炎疫情期间，我国纺织产业体系完善和产业链强韧的竞争优势凸显，让美西方国家产生本国产业"空心化"的担忧，将棉纺织产业列为"脱钩""断链"的重点产业之一。同时，新疆的油气、矿产、风电等能源产业在中国及全球地位非常显著，未来不排除从棉纺织产业扩散到能源等产业的可能性。

2. 产业链短期影响有限，中长期稳定运行或受威胁　2020—2021 年度籽棉收购加工已基本结束，棉花供给总体充裕。2021 年，新疆棉花种植已由南向北陆续展开，种植意向面积为 3 687.9 万

亩，增 0.6%，农民植棉意向稳定。BCI 在新疆认证产量只占新疆棉产量的 10% 左右，考虑到时间成本和经济成本，要精确或完全排除新疆棉困难较大。但随着美国"以疆制华"战略的推进，不排除西方国家全面开展实质性制裁的可能，以新疆棉为原料的棉纺织品出口面临较大的不确定性。据折算，新疆棉用于纺织品服装出口的规模在 101 万～247 万吨，占新疆棉产量的 20%～48%。从中长期来看，贸易不确定性与出口受阻将破坏产业链、供应链循环，最终会传导至上游影响棉花生产。

3. 棉纺织产业将加速向海外转移，倒逼国内纺织产业加快高质量发展步伐 近年来，受劳动力、环保等成本上升和纺织产业转型升级的影响，我国纺织产业已经在向处于人口红利期的东南亚、南亚等国家转移。据 WTO 数据，东南亚和南亚国家纺织服装出口额自 2001 年起以年均 7.6% 的速度持续上升。如果抵制事件持续加剧，将导致我国纺织品服装出口受阻，加速纺织产业海外转移进程。一方面，国内纺织企业将主动、被动地实现产业转型升级，致力于满足具有 14 亿人口的国内消费市场；另一方面，将顺应产业国际转移趋势，利用技术、管理等方面的优势，加速布局东盟等新兴经济体以及"一带一路"沿线国家，满足国际消费市场。

4. 棉纺织产业链运行不确定性将加大，中低收入群体就业和收入恐受冲击 棉花作为大宗商品，具有较强的金融衍生品属性，价格易受突发事件影响而加剧波动。在事件冲击下，棉花期现货价格一度大幅下跌，郑棉期货主力合约跌破每吨 15 000 元，中国棉花价格指数也于 3 月 26 日跌至每吨 15 148 元，处于 2021 年 1 月以来最低水平。棉花价格波动加大，将传导至产业链各环节，加大产业发展的不确定性。外销型棉纺织企业尤其是被美国列入"实体清单"的多家企业，已经面临订单下降、利润下滑、企业关停的风险。产业发展受阻将直接影响新疆棉农与产业工人的稳定就业，不利于巩固脱贫攻坚成果，损害到地区稳定发展大局。

二、我国及新疆棉花产业链主要情况

1. 我国棉花市场供需基本平衡 我国是全球第二大棉花生产国，第一大棉花消费国、进口国。近五年全国棉花平均产量 578 万吨，占全球比重为 23%；平均单产 123 千克/亩，是全球平均水平的 2.4 倍；年均消费量 733.7 万吨，占全球比重的 29.6%；年均进口量 172.7 万吨，主要用于纺织企业出口订单的中高端原棉需求以及年度间余缺调整。从宏观调控来看，供给端有棉花目标价格政策保障棉农基本收益和稳定植棉面积，流通端有中央储备棉政策调控库存，贸易端有关税配额管理和滑准税制度调节进口，使得我国棉花市场供需基本平衡，既不会出现棉花明显供不应求，也很难出现明显过剩的情况。

2. 纺织业是我国具有国际竞争优势的传统产业 我国是全球最大的纺织品服装出口国，纺织业是我国在国际竞争中具有明显优势的产业之一，是我国货物贸易顺差的中坚力量。据 WTO 数据，近五年我国纺织品服装出口 2 723 亿美元，占全球比重为 36%。即使遭受新冠肺炎疫情巨大冲击，2020 年我国纺织品服装出口 2 962.3 亿美元，同比增 9.1%，实现超预期增长，仅次于 2014 年 2 984.9 亿美元的历史峰值，贸易顺差 2 725.8 亿美元，占当年全国货物贸易顺差的 51%。

3. 新疆棉纺织产业在我国具有重要地位 新疆具有非常适合棉花生产的光热土资源，在相关政策扶持下，新疆棉花面积、单产、总产、商品量、调拨量已连续 27 年位居全国首位。2020 年，新疆棉花种植面积 3 752.9 万亩，占全国比重为 78.9%；产量为 516.1 万吨，占全国比重为 87.3%；机采棉比例达到 80%，自有机采棉新品种亩产突破 690 千克，质量可达到双 31 标准，经过轧花依然能保证绒长和韧性。目前，新疆棉纺产能已接近 2 000 万锭，占全国的 16%，纱产量占全国的 9%，棉花就地转化率达 33%。

三、对策建议

"抵制新疆棉"事件是对我国包括棉花产业在内的全行业的一次风险预警,建议尽快研究梳理具有敏感性强、影响面广等特点的产品和行业目录,围绕环保、劳工、福祉等方面提前做好应急预案。

1. 以"双循环"化解事件对国内产业的冲击 一是以国内大循环为主体,加强产业融合,推动跨区域产业链优化布局。立足新疆、面向国内、放眼全球,推进以新疆原料棉为基础的跨区域合作模式,以高质量供给满足、引领和创造国内需求;二是推动国内纺织企业积极开发自主品牌,精准定位消费人群,打造高品质、高认可度的中国产品,提升品牌价值,积极抢占全球价值链高端;三是充分利用"一带一路"倡议和《区域全面经济伙伴关系协定》(RCEP)签署带来的机遇,在多边双边贸易规则下积极拓展海外棉纺织业资源和纺织品服装市场,促进棉花进口来源地和纺织品出口市场多元化;四是面对东南亚、南亚等国在中低支纯棉纱领域的竞争,国内企业加快向高支数、高品质方向发展。

2. 加强国内棉花有效供给的政策创设与技术支持 通过扩大质量补贴试点范围、加强棉花用种管理服务、严格采收管理、加快建立质量可追溯体系等手段,提升新疆棉花质量,形成能够和美棉、澳棉竞争的优质棉花产能,满足纺织业向中高端转型的优质原料棉需求。内地棉区可参考新疆棉花目标价格实施的经验,鼓励盐碱地区、重金属污染地区适度种植棉花,分散国内棉花产地高度集中的潜在风险。推进内地机采棉技术的示范与推广,提高种植品种和模式的一致性与标准化,实现降本增效。

3. 塑造和提升行业国际话语权 充分发挥国家棉花产业联盟(CCIA)、中国棉花协会、中国纺织工业联合会等行业协会组织在维护行业利益、国际舞台发声等方面的重要作用,深化与种植者、制造商和品牌商等利益相关方联结合作，提供权威可靠的行业信息服务和市场准入规则。健全我国行业管理组织的涉外管理职能，加强与国际棉花咨询委员会（ICAC）、国际棉花协会（ICA）等国际机构组织的对话，加快推出全球认可认证标准，塑造和提升中国市场的国际话语权。

推进节粮减损行动的对策建议

朱晓峰　崔奇峰

节粮减损是具有明确目标的全球行动，也是当前我国粮食工作的一项紧迫任务。联合国指导 2015—2030 年全球发展工作的可持续发展目标（SDGs）在第 12 个子目标中（12.3）提出，到 2030 年将零售和消费环节的全球人均粮食浪费减半，减少生产和供应环节的粮食损失。2021 年中央 1 号文件提出："开展粮食节约行动，减少生产、流通、加工、存储、消费环节粮食损耗浪费。"在此背景下，谋划好新时期节粮减损工作，无论对推动全球节粮减损，还是对保障我国粮食安全，都有重要战略意义。

一、节粮减损的巨大潜力和多重价值

1. 开展节粮减损行动，减少粮食损失浪费具有巨大潜力　节粮减损是一个世界级的课题，据联合国粮农组织估算，近年全球粮食损失和浪费率超过 20%，约 14% 的粮食在收获后到零售前的环节被损失，每年浪费的食物高达 16 亿吨，其中可食部分达 13 亿吨，占全球粮食产量 1/3。我国作为世界粮食大国和人口大国，损失浪费的粮食总量也是惊人的。据不完全统计，我国每年在储藏、运输和加工环节的粮食损失量约 350 亿千克，相当于吉林省一年的粮食产量。城市餐饮业每年浪费粮食 1 700 万～1 800 万吨，相当于 3 000 万～5 000 万人一年的口粮。全国人大常委会的专题调查数据：我国粮食全产业链总损耗率约 12%。中国农业科学院的一项研究表明：我国水稻全产业链的损耗浪费率约 13.6%，水稻的损耗和浪费每降低 1 个百分点，可分别满足 145.5 万人、90.4 万人一年的大米需求。

2. 开展节粮减损行动，具有经济、环境和社会等多重价值

一是减少粮食损失浪费可减少水、土地、劳动力以及能源的浪费。节粮减损的水平越高，农业资源能源和劳动力的浪费越少。二是减少与粮食浪费相关的温室气体排放。餐厨垃圾处理量越少，与餐厨垃圾处理相关的温室气体排放水平越低。三是利于消除饥饿，实现粮食安全。从全球看，节粮减损可以增加用于援助饥饿人口的粮食数量。联合国粮农组织的研究显示，只需将全球损耗或浪费粮食的 1/4 节约下来，即可解决全球饥饿问题。就我国而言，仅消除在粮食储藏、运输和加工环节的损失浪费，每年就可新增约 350 亿千克的粮食供给量。在全国范围开展节粮减损行动，已成为增加粮食供应、保障粮食安全的重要途径。

二、助力节粮减损行动的思想指引和实践探索

从国内看，新时期开展节粮减损行动有扎实基础。在树立和弘扬节粮减损思想方面，早在 2013 年，习近平总书记就强调"浪费之风务必狠刹"，号召"努力使厉行节约、反对浪费在全社会蔚然成风"。2020 年，习近平总书记再次对制止餐饮浪费行为作出重要指示，强调进一步加强宣传教育，切实培养节约习惯，在全社会营造浪费可耻、节约为荣的氛围。在节粮减损政策实践方面，2010年《国务院办公厅关于进一步加强节约粮食反对浪费工作的通知》要求充分认识节约粮食、反对浪费工作的重要意义，布局生产、加工等各环节狠抓节粮减损工作。近年来，有关部门、各地区在生产、流通、加工、储备、消费环节及餐厨垃圾资源化利用方面多措并举，以切实行动节粮减损。

从国际上看，法国、西班牙、韩国等在节粮减损特别是反对食物消费环节的浪费方面，采取了各具特色、值得借鉴的措施。

法国通过立法节粮减损。法国食物浪费现象一度相当严重，每年浪费食物约 1 000 万吨，价值高达 160 亿欧元。2016 年，法国颁布了《反食物浪费法》，强调全方位而不仅仅在餐饮环节限制浪费行为。要求各大超市将未售出但仍可食用的食品捐赠给非政府组织，并鼓励餐饮业让消费者把未能吃完的食品打包回家。2018 年通过《农业和食品法》修正案，规定从 2021 年 7 月 1 日起，全法所有餐厅必须向顾客提供可回收或可重复利用的打包盒，让顾客将吃不完的食品打包带回家。2020 年，通过发展循环经济的反对浪费法，明确反对食品浪费的两阶段目标：到 2025 年以前，在食物配送和集体餐厅方面将食物浪费降低到 2015 年水平的一半；到 2030 年以前，将食物消费、生产和加工环节的损失降低到 2015 年的一半。

西班牙手机应用助节粮。西班牙每年浪费的食物超过 13 亿千克，政府要求在 2030 年前将食物浪费减少一半。近年来，有一种名为"惜食"的手机应用，对减少食物浪费发挥了重要作用。"惜食"在西班牙共有 100 多万用户使用，4 500 多个商家入驻。商家可以在每天闭店之前，将当天没卖出去、应该扔掉的食物上架在这款应用上，原本 6～15 欧元的食物一般会以 2～5 欧元的低价卖掉。从 2018 年创立到 2020 年 10 月，"惜食"已在西班牙节省了 140 万份相当于 3 500 吨的食物。

韩国实施食物垃圾按量计费和"半碗饭"行动以减少舌尖上的浪费。韩国每年在食物上的浪费高达 1.8 万亿韩元。为减少食物浪费，韩国在 2005 年实施食品垃圾专门分类处理的基础上，2013 年在全国各地推广食物垃圾按重量计费的"从量制"。公寓等共同住宅采取感应式刷卡垃圾桶或按照小区食物垃圾总量计费的方式，独栋个人住宅采取购买垃圾印花或专用垃圾袋的方式。京畿道为减少舌尖上的浪费，开展了"半碗饭"活动，半碗饭的容量减少 1/3，售价降了一半。首尔市实施将菜量和米饭同样减少的"半份饭"计划，饭菜为正常分量的 1/2～2/3。

三、推进我国节粮减损行动的对策建议

1. 加快形成爱惜粮食的社会风尚，推动构建节粮减损的国际合作网络 在全国范围内，深入开展《反食品浪费法》宣传教育活动，使相关的多元主体尽快树立爱惜粮食的责任和义务意识，形成全社会共同参与节粮减损行动的氛围，让爱惜粮食在全社会蔚然成风。面向世界，推动构建节粮减损的国际合作网络。推动联合国制定实施面向 2030 年的节粮减损全球行动计划，构建节粮减损的全球合作网络，召开节粮减损专题国际会议，交流节粮减损的国际经验，凝聚节粮减损政策共识，提升我国在节粮减损全球行动中的影响力。

2. 增强节粮减损行动的科技支撑，促进全链条节粮减损 一是加快现有节粮减损科技成果推广，推广稻谷、小麦、玉米、大豆等粮油适度加工技术成果，加强新型专用散粮、成品粮集装运输装备及配套装卸设备的推广应用。二是积极开展粮食产中、收获、储藏、加工、物流、餐厨垃圾利用等环节节粮减损新技术新装备的研究开发，提高节粮技术的数字化、智能化、绿色化水平。三是以系统观念引领节粮减损工作的顶层设计，在粮食生产、收获、储存、运输、加工、销售、消费等各个环节发力，全链条减少粮食损失浪费。四是建设节粮减损服务体系和服务平台，为各类粮食生产经营主体在收粮、储粮、降水、干燥、加工、餐厨垃圾处理等提供服务。

3. 建立节粮减损行动的部门协同工作制度，完善节粮减损的长效机制 建立由农业农村部、国家粮食和物资储备局、商务部、科技部、国家发展改革委等相关部委参加的节粮减损协同行动联席会议制度，定期召开联席会议，部署系统开展节粮减损工作，形成持续推进节粮减损的强大合力和长效机制。一要明确有关部门和地方政府开展节粮减损行动的行政责任，将各地节粮减损工作

成效作为"书记、省长共同把粮食安全的责任扛在肩上"的考核
指标。二要积极推动《粮食安全保障法》立法进程，明确粮食损
失浪费的法律责任。三要制定节粮减损的国家标准，建立节粮减
损行动的评估机制。四要建立《反食品浪费法》执法监督和检查
制度。

开封市实施乡村振兴的经验与启示

郭君平　曲　颂　夏　英　王明昊

实施乡村振兴战略是党的十九大作出的重大决策部署。开封市积极谋划实施了乡村振兴"1＋6"示范带建设，通过三规合一、三建合一、三产融合、三方参与、三片联动、破解三难，健全乡村振兴政策措施组合机制，实现了"民房变民宿、院落变花园、农田变花海、乡村变景区"的美丽蝶变。

一、基本概况

开封市立足区位、人文、资源等禀赋优势，在 2018 年启动了乡村振兴"1＋6"示范带建设，探索符合实际、体现特色和彰显文化的乡村振兴之路。至 2021 年，示范带建设取得显著进展，荣获"2019 年度中国'三农'创新十大榜样"称号，已成为开封市的一二三产业融合示范区、文脉传承示范区及全域旅游示范区。

开封市乡村振兴"1＋6"示范带位于开港经济带国家产城融合示范区和郑汴港协同发展核心区，共涉及开封市鼓楼区、祥符区的 1 个镇、1 个乡、1 个街道办事处、14 个村和 1 个居委会，占地 56.69 平方公里，覆盖人口 3.68 万人。从发展内涵看，"1＋6"示范带，即坚持乡村振兴战略，推进规划引领示范、产业融合示范、环境整治示范、文化振兴示范、乡村治理示范及改革创新示范 6 个方面的探索。

二、主要做法

通过抓牢"产业兴旺"牛鼻子，做足"农"文章，盘活"文"资源，培育"旅"品牌，发展研学体验，强化科技支撑，提升治理效能，开封市乡村振兴"1+6"示范带创新发展了"农业＋文化＋旅游＋研学＋科技＋治理"的融合发展模式。

1. 推动"三规合一"，助力乡村振兴有章可循 坚持顶层设计与基层探索相结合、专家意见与群众意愿相结合、通盘考虑与点位突破相结合、村容村貌整治与户容户貌整治相结合、城乡一体村庄布局与因村制宜相结合，以村庄规划为引领、产业规划为动力、国土整治规划为基础，强化功能叠加。一是编制村庄规划。注重保留村庄原始风貌，不搞大拆大建，发展有历史记忆、地域特色和民族特点的美丽乡村。二是编制产业规划。按照"注入产业、强基固本、带动发展"的思路，分别编制了西姜寨乡现代农业产业园、田园综合体、家庭农场、乐田共享农庄及余店乡村乐园等产业项目规划。三是编制国土整治规划。通过开展全域国土综合整治试点工作，整合建设用地、盘活闲置土地，进一步提高耕地与基本农田质量。

2. 探索"三产融合"，激活乡村振兴发展动能 以"现代农业产业、农文旅产业和新村民计划"为重点内容打造现代农业产业园区，将西姜寨乡现代农业产业园打造成转型升级的现代农业样板、提质增效的三产融合标杆及辐射带动的农业产业核心区。在西姜寨乡设置传统手工作坊片区，为工匠家庭建设专门的前店后坊式工作坊，为剪纸、官窑、汴绣、木版印年画、面塑、泥塑、草编等手工艺从业者、爱好者提供综合服务平台，丰富开封的旅游文化，带动百姓致富。打造乡村农文旅融合区，精心布局一心（田园综合体配套核心）、一园（现代农业产业园）、一环（西姜寨乡-朱仙镇农文旅综合服务环）、三区（文化产业集聚区、十八弯文化旅游核心区及生态颐养区)、一带(十八弯历史文化带)、一基地(青少年研学基地),创新休闲(体验)农业、乡村旅游、餐饮民宿等新模式新业态。

3. 注重"三方参与",凝聚乡村振兴强大合力 政府发挥"制导"和"引导"的作用,在乡村振兴"1+6"示范带的建设过程中,政府主要负责发展定位、规划审核、政策支持、部分公共基础设施建设及财力保障。以企业为引领,撬动社会资本。开封市成立了两个合资公司(爱思嘉农旅公司和大宏农旅公司),分别负责不同区域乡村振兴项目的策划、建设和运营。坚持以农民为主体,使农民由"冷眼看"(旁观者)变成"热心干"(主体力量),建设精品民宿和美好住家户,改造美丽庭院,引导村民参与。

4. 部署"三片联动",挖掘乡村振兴文化内涵 立足三个试点片区的联动发展,探索建设美丽乡村与保护生态环境同频共振,质量、效益同步提升的村庄繁荣之路。其中,鼓楼区余店村以美食和民俗文化为主题,主打"民俗余店"品牌,发展民宿经济或城市近郊游。西姜寨乡以"田园风光和孝贤文化"为主题,主打"大美西姜寨"品牌,发展乡村游、休闲观光游和研学游。朱仙镇以"文化旅游、非遗文化"为主题,主打"千年古镇"品牌,充分发挥非物质文化遗产的资源优势。

5. 破解"三大难题",优化乡村振兴要素配置 坚持"内培外引"并重,培育、支持农村本土"领头雁"和"千里马","外引"离退休或现职干部下乡、企业家兴乡、大学生回乡、专业技术人员入乡、外出创业人员返乡、本村贤达助乡"六乡行动"。挖潜土地高效利用,推进"三权分置",放活土地经营权,向上争取国土综合整治试点项目,优化国土空间布局和生态修复健全投入机制。增加财政投入,市、区两级财政每年按土地出让金收益的10%列入预算,同时优化财政供给结构,加大项目整合和强化金融助推,解决"钱从哪来"的问题。

6. 紧抓"三建合一",健全乡村振兴治理体系 坚持党建引领定方向，加强党对乡村振兴的集中统一领导，指导解决重大问题。县、乡党委均成立乡村振兴指挥部，做实党建引领治理有效。坚持"村建"聚力强基础，探索发展"四队三会一社"（党建服务队、夕阳红志愿队、树木管护队、青年突击队、文明新风促进会、乡贤联谊会、老兵协会及孝贤社），不断完善村民自治机制，促使群众"民心"向"党心"汇聚。坚持"家建"夯基树新风，突出家教家训，每户实行"户长制"，树立良好家规，涵养文明习惯，夯实新风根基。开展"美丽庭院""好媳妇""好婆婆"等评比表彰，引导村民追求、崇尚先进，画好乡村治理"同心圆"。

三、重要启示

新时代中国乡村振兴既无完整模式可鉴，亦无现成路径可走。开封市坚持守正创新、强基补短，全力推动乡村振兴"1+6"示范带建设，通过以点带面、串珠成链，改善了农村"颜值"，厚植了农业"家当"，提升了农民"底气"。开封市乡村振兴"1+6"示范带的目标定位越来越精准、发展路径越来越清晰、改革成效越来越显著。

从开封市的经验做法中可得出以下启示：第一，坚持因地制宜，统筹规划精心部署，绘好乡村振兴之"图"。第二，健全创新机制，促进三产融合发展，夯实乡村振兴之"基"。第三，注重引进人才，着眼培育本土人才，打造乡村振兴之"军"。第四，挖掘文化内涵，树立文明乡风民风，传承乡村振兴之"魂"。第五，践行绿色发展，强化生态环境保护，塑美乡村振兴之"形"。第六，强化党建引领，聚焦基层组织建设，筑牢乡村振兴之"垒"。

农村厕所改造的成效、问题及建议

刘　静　常　明　牛坤玉

　　农村厕所改造是实施乡村振兴战略的重要内涵，是完成农村人居环境整治的关键一环。中国农村厕所改造实施以来，取得了诸多积极进展，各地也推出了不少可圈可点的具体措施，但还存在重建设、轻管护，配套设施滞后，农民参与意愿不强等问题。在实地调研分析的基础上，本文提出了因地制宜开展厕所改造、加快公共基础设施建设进度、加速完善公共厕所管护机制、提高农民厕所改造参与意愿等对策建议。

一、农村厕所改造取得积极进展

　　农村厕所改造是改善农村人居环境的重要任务，是增强亿万农民获得感、幸福感的民生工程。自农村人居环境整治三年行动方案实施以来，农村厕所改造取得积极进展。

　　1. 农村卫生厕所普及率显著提升　截至 2020 年底，全国农村卫生厕所普及率超过 68%，每年提高约 5 个百分点，累计改造农村户厕 4 000 多万户。其中，东部发达省市已经初步完成厕所改造，北京、江苏、福建、广东等地农村无害化卫生厕所普及率均已超过 95%。同时，中西部区域农村厕所普及率也均大幅度提升。

　　2. 涌现出一批"厕改"地方样板　各级政府推出一系列创新举措，有力保障了厕改的顺利推进。河北省设立厕改专班，农村人居环境整治资金优先保障厕所改造，聘请第三方对农村厕改项目进行评价。海南省建立"党政同责、省负总责、市县抓落实、镇村抓具体"工作机制和五级书记抓厕所改造的工作体系,同时推行财政补助、"红黑榜"和"积分超市"等激励措施。云南省成立省农村人居环境整治工作领导小组,制定专业技术指南,搭建农村人居环境整治信息平台,规范厕改流程,并建立农村厕改技术指导员制度。宁夏建立了政府、监理、村民代表为主体的监管体系,并围绕厕改合格率、完成率、使用率和满意度对厕所进行抽检,以强化质量管控。

3. 农村人居环境得到明显改善 通过厕改对粪便进行无害化处理,能够有效杀灭寄生虫卵和蚊蝇病菌,减少相关传染病的传播,有效提升农民群众卫生健康水平。"以前蚊蝇多,臭味重,现在没有那种气味了,也不会有蚊子叮咬了。"湖南省衡阳市衡南县三塘镇大广村村民谭木英如此说道。"我岁数大了,70岁了,这个最好了。以前都是自己去清掏,我老伴身体患病,有点失禁,远了,有时候就赶不及,现在屋里就有,一会就到了。"延吉市村民陈凤云如是说。农村厕改的实施,牵住了农村人居环境治理的"牛鼻子",极大程度改善了农村环境卫生状况,提升了农村居民的生活品质,也促进了美丽乡村的建设。

4. 推进城乡基本公共服务均等化 农村厕所改造不仅带给了农村居民卫生的厕所,更是城乡公共服务均等化理念的体现。以厕所改造作为切入点,在补上美丽乡村建设最大短板的同时,让农村生活与城市一样便利,并有效带动了观光农业的发展。"现在,我们这里的厕所和城市里的没啥区别,而且空间面积也大。"甘肃省兰州市榆中县夏官营镇大兴营村村民沈玉龙如此说道。"过去村里厕所一年四季臭气熏天,游客来了也待不住。这个"厕所革命"搞得好!不仅提升了我们村的颜值和气质,而且带动了乡村旅游的发展。"湖南省郴州市资兴市唐洞街道大王寨村村民曹美华如是说。农村厕所改造推进了城乡基本公共服务均等化,加速实现城乡之间全面融合,带动了休闲农业、乡村旅游发展,推动乡村振兴战略有效实施。

二、农村厕所改造存在的问题

随着农村厕所改造的大力推进，全国农村卫生厕所普及率大幅提高，农村人居环境得到明显改善和提升，但仍存在一些问题。习近平总书记在 2021 年 7 月对深入推进农村厕所改造再次作出重要指示，提出"坚持数量服从质量，进度服从实效，真正把这件好事办好、实事办实"。

1. 部分地区农村厕所建设和改造"操之过急"　各地农村资源环境、发展阶段、文化习俗存在显著差异，但部分地区为完成考核指标，简单化推动实施，既不符合发展规律，也不满足现实需要。一是没有考虑到当地的资源环境禀赋和气候条件。如高寒地区厕改忽视"防冻"问题，有农民反映改造后的水冲厕所冬天结冰，还要拿着热水壶才能够用厕所。二是没有考虑到当地的社会经济背景。如南方不少地区安装了塑料一体化的三格化粪池，到雨季地下水位上升的时候，三格化粪池中的粪污会冒到地表。三是设计和实施针对性不高，农村举办一次群宴，户用便池则需疏通 3～5 次。

2. 部分农民成为厕所改造的"看客"，厕改参与意愿较低　一是农户生活习惯根深蒂固，对厕所改造带来的变化和好处了解不多。农村青年劳动力普遍外出务工，而留在村里的老人已习惯使用传统旱厕，且缺乏劳动力和资金投入，不愿进行厕所改造。二是实际使用成本偏高导致农户厕改意愿不高。调研显示，农村水冲式厕所的堵、漏、坏现象较多，需要较多的管护，农民需要付费清掏，增加了农户的人力、财力和时间支出成本。三是缺乏有效的市场监管机制，部分地方已经出现农村厕改产品和设备的"垄断"供给现象，甚至是假冒伪劣产品，导致部分农民产生不满情绪甚至抵制现象。

3. 污水处理设施建设进度不匹配，后期运营管护滞后　一是有些地区存在定任务、下指标、面子工程，盲目追求厕所改造进度，导致不少地区没有统一的规划设计，缺乏上下水配套设施的建设，出现厕所改造后闲置问题。二是部分村落建成了污水处理厂，但人口较少难以收集足够多的污水，建成的污水处理厂只得晒太阳。三是厕所改造后续管护费用较高，未能建立长效的运营管护工作机制。部分地区的粪污存储箱需要定期清理，农村有开着三轮车上门抽粪的人，每次价格在 100～200 元，一年需要清理 3 次左右，对农民来讲是一笔不小的负担。

三、政策建议

农村厕所改造作为一项普惠性民生工程，针对厕所改造过程中出现的问题，提出以下 3 个对策建议。

1. 充分考虑各地自然和社会经济背景，因地制宜开展厕所改造　遵循因地制宜、实事求是、宜水则水、宜旱则旱、群众乐于接受的原则，根据不同村落和村民实际情况选择适合的厕所模式进行改建，实行"分户改造、集中处理"与单户分散处理相结合，鼓励联户、联村、村镇一体治理。从全国层面上看，东部地区农村厕改已经基本完成，下一步将主要聚焦厕所粪污的无害化处理和资源化利用；中西部地区进展相对较缓，特别是寒冷、干旱地区，需要探索因地制宜的厕改模式。从不同类型的村庄层面看，靠近城镇的村庄，可以按照城乡统筹发展要求，建设完整下水道式卫生厕所，粪污接入城市污水管网；居住集中的村庄，在具备建设小型污水处理设施的情况下，建议使用室内水冲式卫生厕所；对地处偏远、居住分散的村庄，可推广三格化粪池厕所。对于美丽乡村、特色村、旅游村，应摸清农村公共厕所和旅游厕所的数量、布点、模式等信息，加强农村公厕的建设和粪污无害化处理。

2. 让农民成为厕所改造的主要参与者　坚持为农民而建，尊重农民意愿。农户对厕所改造主动接受程度不高，应进一步加强宣传引导，村内张贴厕所文明宣传牌，在"世界厕所日"等重要时间节点举办科普讲座等，通过全方位、多形式的宣传起到潜移默化的引导作用，提升农户对厕改的正确认识。在严把厕改质量关的同时，将运行使用效果和群众满意度纳入验收指标。同时，探索依托农户支付费用保障厕所粪污设施的运行和维护。

3. 完善公共基础设施和管护机制　一是厕所建设与粪污处理统筹推进，在厕所改造前合理规划和设计，完善相应管网或污水处理工程，可考虑将农村地下管网项目工程与厕所改造工程统一规划设计，推广厕所整治新技术，从根本上改善农村生活居住环境。二是完善相关规章制度和奖惩机制，实现村级公共厕所管护"善治"。基层政府在发挥主导作用的同时，还应加强服务指导、督促检查和绩效考核，完善和建立规章制度和奖惩机制，充分发挥农民群众主体作用，与农户实现"协商—合作"机制，调动群众参与公共厕所维护的积极性和主动性。三是探索依托农户支付费用保障厕所粪污设施的运行和维护。

建设东北高水平粮食产业
基地的调研与建议

钟　钰　崔奇峰　普蕾喆　王秀丽　姜文来　王　瑾

东北在我国粮食生产中具有举足轻重的地位，对确保国家粮食安全贡献巨大。2021年9月，中国农业科学院"中国粮食发展研究"课题组先后到黑龙江省富锦市、宝清县、八五三农场和辽宁省大石桥市、盘山县调研。总的看，调研五县（市、农场）2021年粮食面积平均增加2%，优质品种覆盖率接近100%。

一、东北粮食发展面临的挑战

1. 水稻价格下降、销售疲软，水改旱趋势显现　水稻价格持续低迷，"稻谷最低收购价成了最高价"。近两年，宝清的圆粒水稻价格均低于2.60元/千克，富锦的2.46~2.50元/千克。市场饱和导致东北稻米销售疲软，局部地区出现卖粮难。随着玉米、大豆价格高涨，水改旱趋势增强。"2020年玉米效益在1.2万~1.3万元/公顷，水稻挣5 000元都费劲儿，还要把补贴算在里面。"2021年富锦水改旱20万亩，宝清1万亩水田结束休耕后改为旱田。

2. 井灌面积大，地下水下降明显，资源约束开始显现　三江平原地下水位持续下降，2021年地下水平均埋深8.6米，较2001年下降3.3米，局部形成地下水降落漏斗。主要原因之一受水田面积扩大较快、地表水利用不充分所致，富锦水稻面积从2011年的160.41万亩增加至2020年的402.16万亩，井灌面积占总灌溉面积的80%，地表径流总量八成以上汇入江海，未得到有效利用。

目前东北井灌面积占总灌溉面积的 47.7%，比全国高 20 个百分点。近 20 年，东北地下水开采程度超过 70%，比全国高 40 个百分点。

3. 流通主体围着国储转，稻谷市场不活跃　宝清稻谷"收储多市场流通经营少"的特点突出，规模以上粮企大多以稻谷代收代储为主营业务，服务于政策性收购。2020 年宝清 70%～80% 的稻谷流入政策性库存，少部分进入加工企业。当地最大粮企万里利达集团仓容 350 万吨，300 万吨稻谷储备全是政策粮。"产业化主体服务国储"，市场竞争机制难以发挥作用，成为抑制大米加工业活力的重要原因。

4. 粮食单产进入平台期，需要重大技术突破　东北粮食单产近 10 年增幅不大，已进入平台期。2011—2019 年，东北粮食单产从 373.86 千克/亩增至 392.27 千克/亩，年均增长 0.60%，增速缓慢。富锦粮食单产多年稳定在 400 千克/亩，八五三农场单产在 550 千克/亩徘徊。玉米缺乏突破性优良品种，2000 年审定的郑单 958 和 2006 年审定的先玉 335，仍是东北的主导品种。

5. 处于交通网络末端，运距长、成本高，产业竞争力较弱　东北粮食外调量占全国 60% 以上，其中黑龙江省外调量占全国 1/3，但地理位置偏远，运输成本高。富锦卧虎泉米业公司的铁路运费数据显示，到河北邢台运费 0.26 元/千克，到山东聊城 0.30 元/千克，到四川成都和遂宁为 0.42 元/千克和 0.50 元/千克，到湖北武汉和湖南岳阳为 0.34 元/千克和 0.30 元/千克，较高的运费降低了东北粮食竞争力。

6. 粮农老龄化严重，种粮主体后劲不足　富锦市农村户籍人口 25 万，但常住的只有 9 万，55 岁以上的才愿意种粮，65～70 岁老人为主力军，种粮"高龄化"问题突出。种粮收益低和生活环境不配套是难以留住年轻人才的重要原因。宋店村"近 10 年 40～50 个考学出去的年轻人没一个回来的，培养村干部都不回来"。本地人才流失严重、外地人才又引不来，种粮主体后劲不足，农忙时节雇工难，粮食生产可持续发展受限。

二、典型案例及其重要启示

在东北粮食生产中，涌现出许多新模式、新典型，展现了"振兴东北粮食先行"的生命力，对夯实国家粮食安全"压舱石"、构建东北粮食发展新体制机制有重要的现实意义。

1. 24 岁"粮二代"，借"机"起飞，带来新技术新模式 大石桥市沃野农机专业合作社理事长是当地优质稻种植和优质米销售的领军人才，经营 1 150 亩优质稻，亩产 700 千克；创设"修福牌"大米，全家年纯利润 60 万元，每千克 10 元的大米售价改变了卖原粮不赚钱的局面。24 岁的儿子大学毕业后，基于专业优势成长为"粮二代"，是新型农机农具操作主力，掌管着全村第一台无人机，还负责"修福"大米电商销售。

2. 建设高标准农田，提升粮食综合生产能力 2011—2021 年，盘山高标准农田投入 13.04 亿元，通过平整改良土地、建设防洪抗旱设施、治理病险水库、建立健全农田水利排灌保障体系，建成高标准农田 81.46 万亩，占耕地总面积的 98%。长期困扰盘山的旱涝盐碱地变成了稳产高产田，2021 年，盘山太平凯地合作社水稻亩产达到 700 千克。高标准农田建设增强防灾、抗灾能力，"路好了，机井多了，电也通到了地头，合闸出水，省时省钱省力。"为大力发展高质量农业，提高农民收入打下了坚实基础。

3. 寒地秸秆腐熟技术，低温腐熟效果好、水稻抗倒性好，实现当季减肥增产 东北年产粮食 1.3 亿吨，需处理秸秆超亿吨。中国农业科学院北方水稻中心研发的"寒地秸秆全量原位还田缓释多效综合技术"，突破了低温环境保持生物活性分解秸秆的难题，可在 10 ℃以下用 70～90 天完成 95% 以上有机物降解，使得稻苗插在稻草上不死苗，机插后不需人工补苗，抗倒伏，氮、磷、钾肥分别减施 57.76%、30% 与 60%，有机质提升 0.1%。北方大面积推广该技术，可实现秸秆安全还田，快速培肥耕层，走出传统秸秆还田后土壤培肥与作物增产难以协调的困境。

4. 稻蟹共生产粮卖蟹两不误，稳产保供农民增收　盘山县大力发展稻蟹共生模式，2021 年全县 41 万亩稻蟹田，占水稻面积 65％。一般农户纯收益 500 元/亩，设施条件更好的稻蟹示范区纯收益更高，可达 2 000 元/亩。盘山"一地两用，一水两养，一季双收"的稻蟹共生模式，实现了水稻＋水产的粮食安全、生态环保、农民增收、企业增效多元化效果。

5. 大仓储、深加工、支撑下游产业链，构建共生共赢粮业生态圈　富锦象屿金谷农产公司围绕玉米，建设产业链综合服务园区，依托自身 500 万吨粮食仓储能力，与政府联手沿产业链招商，引进化工、医药和食品等下游企业。目前，入驻的有年产 6 000 吨菲汀项目、30 万吨燃料乙醇项目、3 万吨氨基酸项目等。象屿金谷的淀粉乳、蒸汽、电力通过共享管廊直接输送到下游企业车间，节约时间和成本。产业链延伸实现了"农民增收、企业增值、地方增税、国家增产"。象屿金谷粮食收购辐射周边 150 千米，收储量占周边区域产能的 70％，惠及 8 万农户。象屿金谷企业年利润约 1 亿元，2015 年至今纳税 8.4 亿元，吸纳就业 1 000余人。

6. "库企联姻"共享国有仓储设施资源，实现储备与市场有效对接　营口金桥粮食集团是地方国有水稻收储企业，营口渤海米业是水稻加工企业，他们共同探索出了库企合作模式。渤海米业代金桥集团收粮，负责收（轮入）和销（轮出）。金桥集团拥有粮权，监管粮食质量，轮出的稻谷直接进入渤海米业车间。库企合作双方都有裨益，对金桥集团来说，粮食多少钱轮入就多少钱轮出，没有价差损失；对渤海米业而言，8 000 吨原粮需求无须自己储备，收粮用国家收储的钱，节约了经营成本，与国企合作还提升了企业形象。库企合作这一有益探索，确保储备功能的基础上，充分利用国家储备库优质资源，激活各市场主体活力。

三、促进东北粮食产业发展的思考与建议

在开启社会主义现代化、实现第二个百年奋斗目标的征程中，要实现经济社会高质量发展，首先要确保夯实粮食安全基础。东北为全国粮食增产和商品粮调出作出巨大贡献，2004—2020 年全国粮食十七年连续丰收，增产的 32.26％由东北贡献。2020 年，东北粮食产量 13 683 万吨，占全国总产的 20.44％。全国 6 个常年粮食净调出省份中有 3 个在东北，2020 年，全国粮食净调出量中有66.79％来自东北。要加快建立粮食安全的东北战略基地，形成拉动现代粮食产业发展的引擎。

1. 明确粮食在东北振兴战略中的地位　东北全面振兴，离不开粮食这个基本面。要深入贯彻落实习近平总书记视察东北对粮食安全作出的重要指示，抓紧制定一揽子特色支持政策，创建东北粮食特区，形成粮食产业集群，将生产优势转化为产业竞争优势，为中国农业改革与东北振兴蹚出一条高效、安全、利民的粮食发展新路子。考核东北振兴的效果，要把粮食放在更加重要的位置。在粮食安全党政同责框架下，赋予粮食产业更多的考核权重。

2. 建立更加适应资源环境约束的粮食生产体系　尽快建立适水种植制度，尽可能实施雨养农业，以低耗水作物替代高耗水作物；采用浅晒浅湿、智能灌溉等节水技术，或通过覆膜和秸秆覆盖减少地面蒸发。合理轮作，改变以单一作物为主的重茬、迎茬种植，发展玉米、大豆与杂粮杂豆、薯类、饲草等作物轮作的黑土地永续利用耕作制度。

3. 加强对粮食主产区转移支付、支持力度　着力开展中央政府向粮食主产区转移、粮食主销区向粮食主产区转移的"两个转移"补偿机制。加大对主产区转移支付力度，增强产区财政能力和调配余地。建立制度化技术补贴政策，用于统防统治、深耕深松、黑土地保护等方面。2022 年，在东北全面推开完全成本保险和收

入保险。支持东北粮食物流设施投入，打造东北粮食南运高速走廊。

4. 发展托管等多种形式社会化服务，推进适度规模经营 大力推进全程托管、环节托管等适度规模经营。建立新型职业农民制度体系，培养一支有文化、懂技术、善经营、会管理的高素质粮农队伍。采取免费培训、科技扶持、社保补贴、金融扶持等政策，促进新型经营主体在农村稳定就业兴业。规范地租价格，强化土地流转监管，有效保障新型经营主体的土地经营权。

5. 加强水利基础设施建设 通过地表水置换地下水的重大工程建设，解决因井灌导致地下水位下降问题，消除东北成为"第二个华北"的萌芽。加快建设三江连通工程，利用界江过境水量大的优势，引黑龙江水到松花江流域，再由松花江流域到三江平原腹地乌苏里江支流挠力河流域，解决三江平原地下水漏斗问题。加大渠系配套工程建设，加强末级渠系工程管护，补齐水利基础设施和水利工程短板，探索终端用水管理模式，破解农田水利"最后一公里"问题。

6. 依托重大技术创新，促进黑土地保护 开展玉米"五大工程"建设，通过"结构调整工程"优化种植结构、通过"良种攻关工程"丰富品种类型、通过"全程机械化工程"促进全程机械化生产、通过"优势玉米产业带建设工程"提高粮食产业国际核心竞争力、通过"烘干设施工程"解决玉米收后霉变问题。推广中国农业科学院北方水稻中心的寒地秸秆腐熟技术，加快成果在更大范围田间地头落地，群策群力全面推进东北黑土地保护利用。

优质化是中国奶业振兴的战略选择

程广燕　杨祯妮　任广旭　唐振闯　马广旭

奶业是健康中国、强壮民族不可或缺的产业。目前，我国奶业基本解决了质量安全问题，但优质化发展程度不高，仍面临政策保障偏弱、科技支撑不足、标准不健全、优质示范规模小等问题。优质乳是全球奶业发展的方向，实施优质乳工程，可以突破奶业发展的困境，提高奶业在国际市场的竞争力和话语权，推动奶业发展由数量增长向营养健康导向转变。

一、奶业优质化发展的必要性和迫切性

1. 奶业是曾经出现过严重信任危机的产业，奶业振兴首先要通过优质发展提升消费信心　2008 年，我国曾出现生鲜乳违禁添加"三聚氰胺"食品安全事件，我国奶业由快速发展转为"寒冰期"。经过 10 余年动态监测与严格管理，我国奶及奶制品质量安全达到历史最好水平，全国生鲜乳抽检合格率 99.9%；乳制品抽检合格率在 99.7% 以上，高于全国食品安全平均水平，但目前仍有消费者不敢或不愿意食用国产奶制品。奶业优质化发展是提升我国奶制品质量安全，提升消费信心的重要途径。

2. 奶业是健康中国建设必不可少的产业，奶业振兴必须通过优质发展发挥更大健康支撑作用　奶及奶制品中包含人体所需的大多数营养物质，是各类人群的理想食品。三年人群实验表明，与不饮奶儿童相比，饮奶儿童身高平均高 1.1～1.2 厘米。从数量上看，目前我国人均奶类消费量约 38.3 千克，仅相当于营养推荐量的

1/3。从结构上分析，我国液态奶中常温奶消费占主导，更具活性营养的低温鲜奶占比不足 10%。必须通过优质发展，扩大奶类生产消费规模，优化奶类消费结构，发挥奶类更大的健康支撑作用。

3. 奶业是农产品中高度贸易自由化的产业，奶业振兴要着力通过优质发展提高核心竞争力　我国奶制品平均进口税率仅为 12.2%，远低于世界平均 55.6% 的关税水平。由于国内外资源禀赋差异，我国奶制品没有任何成本价格优势。长期以来，我国奶制品加工以常温奶为主，与进口奶处于同质化竞争，为寻求差异、赢得市场，国产奶不断"高端"化，乳品价格与生鲜乳价格比值达到 3.4，远高于 2.5 的世界平均水平，对乳品消费和奶业发展形成明显抑制，奶类产量长期保持在 3 200 万吨左右。2020 年，我国奶业自给率下降到 65.6%，明显低于国家安全保障目标。必须通过优质发展，回归牛奶本源，以品质提升打造国产奶核心竞争优势，赢得市场话语权。

二、我国奶业优质化发展面临的挑战

1. 全产业链政策保障能力不足　发达国家普遍建立了奶业全产业链支持政策，而我国对奶业的支持主要在生产环节，主要包括青贮苜蓿种植、奶牛生产性能测定、规模化示范牧场等方面补贴，大多以项目形式进行，补贴范围比较小且不够稳定、不够连续。奶牛养殖用地和绿色发展扶持政策存在不配套、不完善的问题，养殖保险、生鲜乳价格保护等方面政策力度有待提高。在消费引导方面，学生奶计划推行完全靠市场机制运行，覆盖率只有 18%，与全球平均 58% 的覆盖率相差很远。

2. 奶业科技支撑能力尚显不足　奶业全产业链科技创新能力较低，严重滞后于奶业高质量发展需要，加大了产业风险。一是用于奶牛育种的国产育种芯片、胚胎体外生产技术等与发达国家存在较大差距，奶牛种源长期依赖进口，对外依存度达 90%。二是牛奶品质偏低，乳脂肪、乳蛋白含量与发达国家仍有差距，牛奶品质形成与提升调控机制尚不清晰。三是牛奶中的功能活性物质很大程度上决定了牛奶品质及健康功效，迫切需要加强活性物质保持技术的研究。

3. 优质乳工程影响力亟须扩大 2013 年，中国农业科学院专家向国家建议实施"优质乳工程"，经过多年发展，已经有 25 个省 60 余家企业进行优质乳生产示范，引领推动行业高质量发展。该工程示范的优质奶与目前市场上所谓的"高端奶"有本质区别，其市场平均价格低于同类产品价格 20%～30%，不是专供高档消费的特殊奶产品，是以科学、客观标准评价出来的消费者身边的优质奶。在扩大示范规模方面还面临一些制约因素：一是优质乳标准还是团队标准，引领作用的权威性不够。二是优质乳工程产品标识制度和体系尚未建立，市场竞争优势显现不充分。三是优质乳工程执行主体为国家奶业科技创新联盟，主要依托科研单位力量，经费支持较弱，与快速增长的市场需求不相适应。

4. 奶及奶制品分等分级标准尚未形成 通过制定优质生鲜奶用途分级标准，可引导形成优质优价市场机制，平衡产销利益关系。20 世纪 30 年代起，美国开始探索生鲜乳分级分等制度，逐渐形成了按品质及加工用途的分级制度，推动了美国奶业从安全底线到优质发展的成功转型。我国地域广阔，生鲜乳品质差异较大，而且消费产品结构多元，对生鲜乳原料要求不一，现行的生乳国家标准发布于 2010 年，尚未对生鲜乳进行分等分级，不利于引导行业的高质量发展。

三、我国奶业优质化发展目标与政策建议

优质乳是全球奶业发展的方向，其核心理念是为消费者提供健康安全、营养丰富、品质优异的奶产品。实施优质乳工程，可以突破奶业发展的困境，提高奶业在国际市场的竞争力和话语权，推动

奶业发展由数量增长向营养健康导向转变。

（一）发展目标

奶业对一个国家和民族来说，不仅仅要算经济账，更要算健康账。实现我国奶业优质化发展，必须以人民健康和乡村振兴为引领，以全面实现奶业振兴为目标，在奶牛养殖方面，通过扩大优质饲草供给、加快奶牛新品种选育和优良品种选育，实现奶牛单产、生鲜乳品质、养殖效益同步提高；在乳品加工方面，要由高端高价向健康绿色平价转型，推动牛奶由奢侈品向生活必需品转变；在乳品消费方面，逐步扩大消费群体，培育健康饮奶习惯，大幅提升居民乳品消费水平。

（二）政策建议

1. 扩大优质乳工程实施规模 建议成立公益性国家优质乳工程中心，负责优质乳工程推广实施，加强优质乳工程的技术研究，完善优质乳全产业链生产工艺流程和技术规范，创建优质乳工程产品标识，科学引导生产与消费。

2. 尽快出台奶及奶制品分级标准 立足我国奶业发展现状和居民消费需求，借鉴国外做法对奶及奶制品进行分等分级并出台国家标准。在生鲜乳方面，建议以蛋白质 3.0 克/100 克、脂肪 3.3 克/100 克、菌落总数低于 10 万 CFU/毫升、体细胞数低于 40 万个/毫升为优质生鲜乳标准。在巴氏鲜奶方面，把活性物质指标作为优质巴氏鲜奶的"第一标准"，并尽快将行标上升为国家标准。

3. 建立从牧场到餐桌的奶业支持政策 一是强化对奶业生产的扶持，扩大实施"粮改饲"政策，支持乳企自有牧场建设，综合运用补贴、保险等措施，构建奶农收入安全保障网。二是支持企业发展优质低温鲜奶，对低温鲜奶免征加工增值税，对生鲜乳运输开放绿色通道。三是扩大学生饮用奶覆盖面，把幼儿园学生纳入学生饮用奶计划，对农村学生进行学生饮用奶补贴，把学生饮用奶覆盖率纳入各级政府考核指标。

4. 强化奶业发展的科技支持 科技是奶业优质化发展的第一推动力。一是加大培育本土奶牛良种，支持国家奶牛核心育种场和种公牛站建设，提高良种繁育和推广能力。二是建立不同区域的提质增效饲喂模式，提高奶牛单产和生鲜乳品质。三是开展生鲜乳重要营养成分和活性物质保持加工技术研究，优化产品标准及加工工艺，提升乳制品营养与功能品质。

关于加快拓展公费农科生培养使用的建议

毛世平　刘新民　李敬锁　何龙娟　林青宁

打造专业化乡村治理人才队伍，是"十四五"时期提高乡村治理效能、加强基层治理体系和治理能力现代化建设的重要任务。当前我国乡村治理人才培育工作成效显著，但与乡村有效治理、乡村人才振兴的要求存在较大差距。浙江、江西、山东等省份相继实施的公费农科生培养计划，作为充实乡村振兴人才队伍的有益尝试，逐渐受到社会的关注和认可。

一、乡村治理人才队伍亟待充实优秀力量

中央农办"乡村治理体系和治理能力现代化问题研究"课题组对山东、河南、安徽等 24 个省（自治区、直辖市）736 个县 1 010 个村调研后发现，当前引领乡村治理的内外部主体力量"总量不足、结构不优、专业贴合度不高、稳定性不强"与"引不进、育不成、用不好、留不住"等问题并存，严重制约乡村治理能力提高。

1. 内部自身力量支撑力不强　部分地区的村"两委"、党员、农民、各类经济组织等重要内生力量对乡村治理的支撑力不强、引领推动作用不突出。调查显示，当前村干部年龄普遍偏大（平均年龄超过 50 岁），文化素质不高（38％为初中以下教育水平），市场观念不强（49％以务农为主），导致创新意识和超前思维缺乏、管理理念陈旧、双带能力不强；另外，部分村"两委"存在权责划分不清晰、关系不协调的现象，导致村庄治理合力不足，严重影响了治理效能提升。

2. 外部帮扶力量激发力不足　乡镇党政人员、驻村工作队和第一书记、到村任职的选调生和大学生村官、三支一扶人员、新乡贤等乡村治理的外部力量，利用自身优势，在乡村产业发展、经营管理、法治建设、社会工作等方面发挥了积极作用。但是，第一书记和工作队选派以重点乡村为主，普及面与持续性存在较大不足。相当比重的选调生和大学生村官来自非农高校，"三农"认识不足、专业知识储备不够，短时间难以适应农村环境与基层工作。此外，部分大学生村官"三农"情怀不深，将基层工作作为升学和升职的跳板，长期扎根基层的意愿缺乏现象比较普遍。

3. 专业化"三农"人才融合度不高　涉农高校是我国培养"三农"人才的主阵地，为农业农村培养和输送了大量优秀的基层工作人才。随着城市化工业化快速发展，涉农人才从事"三农"工作的规模不断减少，"农业高校不姓农，学农人才不干农"现象普遍，很大程度上制约乡村振兴人才质量的提升。另外，传统涉农人才还面临知识单一、技能单一、专业分散等问题，一时难以应对基层乡村治理工作的复杂性和多层次需求。在全面推进乡村振兴战略要求下，涉农高校人才培养体系亟须与乡村治理人才需求相衔接，培养既有情怀又懂技术善经营的高素质、专业化、复合型人才。

二、公费农科生具有担当乡村治理重任的潜力

浙江、江西等省属农林高校定向培养的"公费农科生"，是丰富乡村治理人才类型、提升乡村治理质量效率的重要力量，既为乡村振兴培养了专业人才，也促进了涉农人才专业与就业的精准融合，通过拓展培养的专业类别、学生数量、地区范围，将有望承担起引领乡村有效治理的重任。

1. 公费农科生是充实乡村振兴人才队伍的重要力量　公费农科生是一种"免学费、包分配、有编制"的招生类型，由省内涉农高校按照提前批次录取，毕业后回到相应辖区的农技推广机构工

作，有编有岗，服务年限一般为5年。2012年，浙江省率先实施基层农技推广人才定向培养计划，目前已培养962人，近600人走上工作岗位。2014年，江西省提出通过"定向招生、定向培养、定向就业"方式，5年内面向全省定向培养3 000名左右基层农技人员。2018年以来，山东、湖南、山西也相继在省内施行公费农科生定向培养计划。当前，浙江和江西两省的培养工作已取得良好效果，有效缓解了基层农技推广人员"总量不足、年龄老化、素质偏低"和"进不来、留不住、用不上"等问题。公费农科生培养既能为乡镇及偏远地区提高农业科技创新水平持续注入动力，也能为全面推进乡村振兴、加快农业农村现代化提供高素质人才资源。

2. 拓展公费农科生培养是优化乡村治理人才队伍的客观需要

2019年以来，党中央、国务院相继出台《关于加强和改进乡村治理的指导意见》《关于加快推进乡村人才振兴的意见》《关于加强基层治理体系和治理能力现代化建设的意见》等政策文件，提出要坚持专业化、职业化、规范化，完善培养选拔机制；加强乡镇党政、农村社会工作、村党组织等方面人才队伍建设，鼓励各地遴选一批高职学校，培养一批在乡大学生、乡村治理人才，鼓励各地多渠道培养招录大学毕业生到村工作；落实分级培训、工作补贴、编制资源、岗位薪酬等政策措施，加强乡村治理队伍建设。公费农科生多来自农村地区，对乡土文明、乡土民情的生活场景有较为精准的认知，对乡村发展愿景具有更多的责任感和使命感，对参与乡村建设具有较强的主动性和持续性，是一支能够适应新形势、承担新任务、解决新问题的高素质、专业化涉农人才队伍，通过优化培养方式、拓展培养范围，将能成长为推进乡村基层治理的强大力量。

三、拓展公费农科生培养的建议

为加快"农科＋乡村治理"公费农科生的培养使用，建成一支专业化的乡村治理人才队伍，提出以下具体建议。

1. 增设面向乡村治理的专业类别　一是在总结浙江、江西、山东等省份开展公费农科生培养的实践探索基础上，结合全面推进乡村振兴、加强乡村治理人才队伍建设要求，拓宽公费农科生培养专业范围，增设面向乡村治理的专业类别，制订符合乡村治理专业人才培养方案。二是进一步扩大招生规模和地区范围，在全国范围内推广乡村治理公费农科生培养计划，每省至少设定1所涉农高校，面向本省生源定向招收乡村治理公费农科生，补充提升乡村治理人才队伍。

2. 建立灵活开放的培养体系与管理机制　一是按照乡村治理人才队伍建设要求，建立"农科＋乡村治理"公费生培养标准，课程体系要体现实践性、地域性、综合性，增加乡村振兴、社区治理、农林经济管理、政府公共管理、领导科学、社会工作等理论课程内容，将面向农业农村一线的实践教学贯穿于教学过程，前置农村基层实践环节，做好与农村基层实习对接，增强公费农科生的基层工作适应性与发展性。二是实施定向培养退出与转入动态机制，鼓励有志于基层治理、乡村发展事业的非定向生转入公费农科生定向培养序列。三是构建地方政府、培养学校和用人单位多方共育机制，共同制订培养方案，共建师资队伍和实践基地，提高公费农科生扎根乡村基层的意识和能力。

3. 创新多元联动的职业发展激励机制　完善公费农科生从事乡村治理工作的就业方向、升职通道、福利待遇等措施，形成多元联动机制，满足人才长远发展需求。一是拓宽就业方向，采取公费农科生定向招生录取与事业单位招聘并轨实施的办法，由县级农业农村部门与定向培养生签订定向就业协议，按期毕业后，采取竞争择优的办法确定具体就业去向，聚焦乡村治理重点工作，定向充实农村"两委"、村集体经济组织等岗位，事业单位编制由县级组织部门和农业农村部门直接管理。二是畅通晋升渠道，对于基层工作期满、思想政治觉悟高、工作出色的公费农科生，按照一定比例定向招录进入县、乡两级政府从事乡村治理工作。三是提高福利待遇，确保公费农科生待遇不低于当地公务员的平均收入水平，并给予农村一线工作的公费农科生额外补贴，协调解决子女教育、住房和医疗等问题。

4. 健全系统高效的组织保障体系　研究制定推进乡村治理公费农科生培养的政策保障措施，统筹解决经费支持、组织管理、激励约束等。一是对承担公费生定向培养工作的涉农高校，在教师专业技术岗位设置、建设经费投入等政策上，给以适度倾斜。二是优化公费农科生担任农村主要干部的政策环境，为公费农科生进入村"两委"任职履职，深入参与乡村治理提供制度保障。三是积极探索乡村治理工作者专业化、职业化通道建设，为公费生成长成才提供更多机会，更为乡村治理现代化、城乡治理一体化奠定人才基础。

苏州土地承包经营权
有偿退出的经验与启示

曲　颂　钟　钰

　　实行农村土地所有权、承包权、经营权分置并行，是深化农村土地制度改革的重大措施。"三权分置"有效破解了部分农户家庭向非农或城镇转移而导致的农地低效利用及撂荒等难题，有利于维护农户的基本社会保障，有利于农地流转与农业现代化发展。2016年以来，苏州抓住国家农村改革试验区的机遇，在虎丘区开展了土地承包经营权有偿退出改革试点，形成了"退得出、管终身、有保障"的有偿退地模式。2020年12月中旬，中国农业科学院农业经济与发展研究所专家组赴苏州调研。调研表明，苏州土地承包经营权有偿退出的经验，对于指导经济发达地区在城乡融合发展体制机制改革，分类推进农业农村现代化进程都具有重要借鉴意义。

一、主要做法

　　苏州科学谋划、稳慎探索、扎实推进，在谁能退出、如何退出、如何保障、如何经营等关键环节形成了一揽子经验做法。

　　1. 谁能退出？界定退出主体资格，固化"七步流程"认定步骤　退出主体的设定条件以农民自愿为前提，关键是有稳定的非农就业收入、土地经营权长期流转。苏州市制定《土地承包经营权有偿退出主体资格认定实施办法》，采取"以改革时点拥有土地承包经营权的在册农业户籍人员为基准线，三放宽九限制"的认定办法，共确认四类人员具有退出资格，即改革基准日在册农业户籍人员、合法婚姻迁入人员的配偶、现役士兵与判刑收监执行人员、在册户籍人员不同时点出生的子女。另外，明确界定不符合退出主体条件的九类特殊情况。在此基础上，进一步规范退出资格认定步骤，固化七步流程：通知农户、自愿申请、资格登记、资格审查、公示结果、上报平台及审批认定。

2. 如何退出？分类制定退出程序，提出两步补偿安置政策

规划先行，条件优先，农民选择，分类实施，是有序推进土地有偿退出的根本保证。按照苏州市全面开展乡村建设行动的统一部署，以特色田园乡村建设为抓手，合理优化镇村土地空间布局，针对不同类型村庄制定差异化退出程序。对于特色田园村（规划保留村），提高社会保障标准，使退地农民直接享受城镇居民养老保险和医疗保险；对于非特色田园村（非规划保留村），不仅让退地农民享受城镇居民养老医疗保险，还在城镇安排住房，支持鼓励农民自愿有序退出土地承包经营权。

3. 如何保障？退地保障标准向城镇看齐，支持农民"带权进城" 城乡融合发展的核心要义在于打破城乡之间的人为割裂，为农村转移人口提供与城镇居民均等的公共服务、社会保障。一是为退地农户提供与城镇居民同等待遇的社会保障与住房保障。从近5年全区土地拍卖出让金中留取一定比例，设立土地承包经营权有偿退出社保专项资金，并且明确规定社保资金的收取、解缴和支付流程。目前，累计落实社保资金39亿元，退出农户平均每人享有9.6万元。由于退地补偿资金额度大、资金筹措困难，目前多数试点地区都采取财政兜底方式。二是赋予退地农民土地收益分配权，以分红形式将退出土地的经营净收益返还给退地农户，保障退地农民长期享有土地收益红利。

4. 如何经营？引入新技术新业态，提升土地规模经营水平

以集约化、规模化利用及信息化管理退出土地，实现提质增效，直接关系到土地有偿退出的改革效能。坚决遏制退出土地"非农化"、防止"非粮化",支持发展新型经营主体,提升农业规模经营效益。例如,通安镇将退出的 1.1 万亩土地建立现代农业产业园,打造"环太湖农旅产业新生活体验园",园区主导品牌"通安良仓-金墅水源米"成为苏州大米十大价值品牌。在现有制度框架下,村集体是土地承包经营权退出的唯一承接主体。对于退出土地的经营方式,家庭农场将是现代农业发展的中坚力量。

二、主要成效与价值

以"农民是否受益、土地是否增效、城乡是否融合"作为检验标准,苏州土地承包经营权有偿退出取得了明显的实践成效。推进试点工作以来,苏州在试点地区累计退出农户 15 792 户,总人数 54 994 人,退出承包地 31 069 亩,占承包地面积的 92.9%。

一是保障农民土地财产权益,增强了有偿退地农户获得感。明确土地承包经营权有偿退出后,以股权形式量化到农户及个人,农户享受收益更高的社区型股份分红。苏州虎丘区 2019 年农村社区股份经济合作社股金分红达 2.36 亿元,户均 3 550 元;其中,社区型股份分红为 1.05 亿元,实现户均 3 992 元。

二是结合农村全域土地综合整治,推动了退出土地高效集约利用。推进全域土地综合整治,实现农村土地增效。经过土地整理,新增 1 290 亩耕地,可用于现代农业建设;通过空心村、闲置农房和宅基地整治,节约了 2 000 余亩农村集体建设用地,为城镇化建设、乡村新产业新业态发展提供用地空间。

三是推动城乡社会保障制度有效衔接,促进了农民深度市民化。着力提升有偿退地农民的社会保障水平,退出前,农民每月只能领取城乡居民养老保险退休金 520 元;退出后,每月可领取城镇职工养老保险退休金 1 095 元。通安镇同心村村民钱兴男是此次改革试点的受益者之一,从曾经的承包户转变为现代农业园聘用果农，钱兴男说："每月有工资、年底有分红，还能享受城镇居民养老，和承包风险比起来，现在实惠多了"。

同时，从制度层面来看，苏州土地承包经营权有偿退出的改革实践也蕴含了重要政策价值。

一是丰富了家庭联产承包责任制的实现形式。土地承包经营权的权能内涵不断充实，正由保障性功能向财产性功能转变，利用市场机制实现资源优化配置、培育多元经营主体竞相发展的需求越来越强烈。因此，促进有意愿的农户家庭退出土地承包经营权，是在现有制度框架下对农村基本经营制度的丰富和发展。苏州在土地承包经营权退出后，把退出土地通过市场机制将经营权流转给合作农场，社会资本等有需求、有能力的经营主体，推动了经营权在更大范围的合理配置，提高了土地利用率。

二是树立了新型城乡关系的典型范例。构建新型城乡关系关键在"融合"。苏州土地承包经营权有偿退出展现了城镇与乡村一盘棋的发展观与治理观，在城乡共同发展中解决"人口的半城镇化问题"。通过设置社保、安置房及股权等多样化的补偿方案，不仅为退地农户进城发展提供了稳定收入和住处，帮助其更快、更顺畅地融入城镇，还打破了城乡互动关系的人为割裂，缩小了城乡公共服务、社会保障等差距，为推进以人为核心、高质量融合发展的新型城镇化迈出了重要一步，是构建新型城乡关系的一个鲜活注脚。

三是践行了中国特色社会主义的本质要求。建设和发展中国特色社会主义，关键在于践行共同富裕这一社会主义本质。新发展阶段，中国经济发展进入更高层次，要更加重视处理好公平与效率的关系，努力消除影响经济社会全面协调发展的制度性障碍，让发展成果更多更公平地惠及全体人民。逐步消除城乡发展差距，提高农民保障水平是实现共同富裕的应有之义。苏州市建立城乡均等的社会保障体系的做法，在制度上体现了"公平性"，为真正破除城乡二元结构，实现城乡一体化奠定了坚实基础。

三、几点启示

苏州人均 GDP 目前接近 3 万美元，城镇化率超过 80%，农业农村现代化程度 79.2%，基本达到发达国家水平。按照国家乡村振兴战略发展目标测算，目前苏州大体相当于全国 2035 年规划的发展水平，苏州土地承包经营权有偿退出的具体试验，展现了"摸着石头过河"的地方智慧，几点工作启示具有较好的现实借鉴价值。

1. 体制机制联动，以要素融合坚持走高质量发展之路 当前，城乡融合过程中主要存在农业生产经营效率不高、城乡要素交换不平等等问题。要打破人才、土地、资金、技术等要素从城市向农村流动的体制和机制障碍，在加快补齐农村基础设施建设短板和推进城乡要素互动、基本公共服务均等化上持续发力。加强退出土地的节约集约利用，推动城镇产业、技术、资金向农村回流，支持农业产业融合新业态、新模式涌现，进一步带动农业现代化水平，让农民分享到更多的增值收益。努力实现城乡居民收入均等，增强农民获得感、成就感，使农民逐步成为一种职业，而不再是身份象征。

2. 措施系统衔接，率先形成包括城乡社会保障接轨在内的政策体系 长期以来，城乡二元性的社会保障制度安排，使进城农民很难进入城镇社会保障体系，要让农民解除后顾之忧的基础就是社会保障。苏州依托多年改革发展的积累，建立了财政支持体系，为土地承包经营权退出提供资金支持，将改革目标设定在建立土地、住房、社保紧密相联的退地保障机制上，探索了一整套适合本地情况的配套措施。实践中充分考虑不同农户群体的诉求，合理分类制定实施办法，尤其是为突破农村社会保障供给不足、弥补资金不足等现实约束提供了苏州样板。

3. 注重双向发力，坚持政府引导与农民自主选择上下互动
政策支持是土地承包经营权退出改革的先决条件，但在中央支持和获取一定程度的改革自主权后，地方真正推动改革的关键还在于农民的意愿。从苏州有偿退地改革来看，改革并非政府强制性行政推动，农户积极的退出意愿才是能够持续推进改革的内源动力。因此，在改革推进过程中，充分尊重农户的退出意愿及其自主选择权利，双向发力，共同推进。

4. 分类有序推进，对农民退出承包地要保持历史耐心　推行土地承包经营权退出改革，必须与当地经济发展状况、城镇化进程及农民离农程度相适应，需要有土地承包经营权有偿退出的政策引导与配套制度建设，切实维护农民土地权益，分类有序推进农村土地退出。从现阶段我国的经济发展水平和城乡关系来看，土地承包经营权退出改革将是一个循序渐进的长期过程，"一刀切"式推进改革的条件尚不成熟，更需充分尊重各地的差异化特征，分类施策，有序推进。对于农民收入高度非农化、农业步入现代化转型期的地区，已经具备实施有偿退出的现实需求和可行条件，可有序推进；但对于与苏州差异较大地区，要稳健开展有偿退出政策。

洪涝灾害对我国玉米生产
影响评估及对策建议

高　雷　王秀东

　　2021 年，我国多地发生洪涝灾害，总体评估认为，因洪涝灾害造成粮食减产对粮食安全总体影响不大，但对局部农民来说粮食减产是严重的，受洪涝灾害影响最大的玉米，可能会进一步扩大供需缺口。建议加强部门协作，组织专业队伍开展灾后科学指导；适度增加玉米及替代品进口，增加玉米战略性储备；持续推进高标准农田建设，加强农田灌排工程建设。

一、洪涝灾害对 2021 年粮食安全及玉米供需影响的评估

　　1. 洪涝灾害造成局部地区粮食减产甚至绝收　据应急管理部救灾和物资保障司上半年数据和河南省 2021 年 8 月 4 日新闻发布会受灾情况统计，截至 2021 年 8 月 4 日，全国农作物受灾面积至少达到 5 833 万亩，其中绝收面积累计 927 万亩，受灾面积占全国总播种面积 2.33%，绝收面积占全国总播种面积的 0.37%。依照 2020 年粮食单产水平估算，受灾减产的粮食约占 2020 年粮食总产量 1.16%。虽然减产总量对粮食安全影响不大，但是对局部受灾农民来说是毁灭性的，也会造成粮食品质下降。尤其是进入 7 月之后的洪涝灾害主要受影响的玉米，仅河南暴雨导致玉米成灾面积超过了 860 万亩，初步估计减产接近 300 万吨，可能在目前供需紧张的情况下进一步扩大供需缺口。

2. 洪涝灾害直接造成部分地区粮田及基础设施破坏严重　一方面，强降水致使农田出现内涝，部分被冲毁的农田土壤肥力流失严重，耕作层受损，耕地生产能力降低，严重影响秋收作物的苗期生长；另一方面，一些地方沟渠、田间道路、田间用电设施等也受到毁灭性破坏，致使部分作物当季绝收，对补种、改种作物产生不利影响。

3. 洪涝灾害可能诱发加重病虫害，造成粮食减产　洪涝灾害易引发病虫害，从而造成粮食减产。不同程度的内涝或洪涝，导致农作物受淹致死，或因长期积水造成缺氧，破坏了植株正常的生理机能导致减产，同时还会加剧病虫害蔓延流行趋势。尤其是对于河南省来说，其秋粮作物以玉米为主，洪涝后玉米田易发生顶腐病、茎腐病、纹枯病、穗腐病等病害，造成玉米减产。

4. 洪涝灾害造成粮食减产，可能增加玉米及替代品进口
2015—2020年，我国玉米总产量波动幅度不大，玉米消费量一直保持增长趋势，玉米供求处于紧平衡态势，预计2021年在深加工和饲用需求继续增长的情况下，玉米需求量将继续上涨，供求形势将更加趋紧。近两年玉米进口有较快增长，并超过配额较多，玉米替代品进口也有较大增加。据中国海关总署公布数据显示，2020年累计进口达1 130万吨玉米，2021年我国玉米进口量继续大幅增长，截至2021年6月，我国累计进口玉米1 530万吨，同比增长318%。同时，从2021年上半年玉米主要替代品进口量来看，小麦进口537万吨、同比增长60.3%，大麦进口565万吨、同比增长131.6%，高粱进口479万吨、同比增长169.1%。尽管2021年洪涝灾害对玉米造成减产，但由于近一两年谷物进口较多，在一定程度上缓解了玉米供求压力。

二、洪涝灾害对粮食安全保障长期影响的反思

我国多地发生连续强降雨，给局部地区农业生产及生命财产造

成相当大的损失。如何科学认识极端天气对粮食安全的影响，对未来防洪救灾具有特别重要的作用。

1. 洪涝灾害呈频发重发态势，农作物受灾程度加大、经济损失持续上升　1949 年以来，我国共发生重大洪涝灾害 24 次，平均 3 年一遇。20 世纪 90 年代以来，我国共发生重大洪涝灾害 11 次，平均接近 2 年一遇。从受灾情况看，1990 年以来随着大江大河骨干工程的相继完成，农作物受灾率、成灾率有逐年减轻趋势。但由于洪涝灾害强度增大，单位面积投资强度大幅提高，所造成的经济损失则直线上升。

2. 农业生态系统退化，放大了灾害破坏力　近年来，退耕还林还草还湖在一定程度上恢复了生态功能，但是还远没有达到有效发挥生态功能自我调节的程度。湿地湖泊萎缩，洪水调蓄能力减弱的现象没有得到根本扭转。行洪河道破坏，生活垃圾和农业废弃物随意丢置，破坏了河道的行洪能力，一旦暴雨水泛成灾，增加了自然灾害的危害，加大了防灾抗灾的难度。

3. 水利工程"最后一公里"问题还没有解决好　受国家财力所限，以往水利工程建设"重干流、轻支流""重城市、轻农村""重灌溉、轻排水"，以至于造成田间水利工程"最后一公里"没有得到解决，面临诸多问题，如农田灌排工程建设不到位、工程基础薄弱、已建设施维护不足、抗损毁能力差，农田水利设施难以发挥应有作用。

三、对策建议

在近期加大洪涝灾区救助力度、积极有序恢复生产生活的同时，提出以下建议。

1. 加强部门协作，组织专业队伍开展灾后科学指导　尽快组织部门协同、机构协作、专家合作的科技应急指导队伍，开展灾后恢复生产指导，及时采取补种、改种措施，特别是对绝收的农田适时改种其他作物。加强农作物病虫害监测和防治，密切关注洪涝灾害之后有可能发生的低温、秋旱和病虫害，早防早控次生灾害的影响，确保灾后不发生大规模病虫害。

2. 适当增加玉米及替代品进口，增加玉米战略性储备　适当扩大玉米及替代品的进口，引导调控需求等多项措施，保障饲料粮供应及加工需求。战略性地加大粮食进口和粮食储备符合我国根本利益。同时美国受新冠肺炎疫情影响，乙醇加工、淀粉和饲料加工等农业生产受到较大影响、玉米消费量大大降低、价格相对价低，须及时根据国际粮食供需变化，统筹好粮食进口的数量和节奏。

3. 持续推进高标准农田建设，加强农田灌排工程建设　一是持续推进高标准农田建设，按照十年一遇排涝、二十年一遇防洪的标准加强农田灌排设施的建设，不断提高农业抗灾减灾能力。二是推进灌排工程建设与升级改造重点项目，加快进行大中型灌区改造、现代大中型灌区建设、大中型灌排泵站更新改造等工程建设。三是开展防洪除涝与抗旱工程，开展重点地区中小河流治理、重点平原洼地治理，通过技术装备提升和应急管控能力建设，建立水旱灾害减灾防灾体系和流域防洪体系。

附　　录

附录 1　中国农业科学院农业经济与政策顾问团简介

为有效利用中国农业科学院"国家农业政策分析与决策支持系统重点开放实验室"政策分析平台，指导研究人员及博士后深入实际，调查研究我国农业和农村经济发展中的政策热点、重点和难点问题，为国家制定农业政策和解决"三农"问题提供科学的决策服务，充分发挥专家顾问的高层指导作用，中国农业科学院依托"国家农业政策分析与决策支持系统重点开放实验室"政策专家顾问组和博士后指导团，于 2005 年成立了"中国农业科学院农业经济与政策顾问团"（以下简称"顾问团"）。截至 2021 年 2 月，顾问团成员共有 15 名。顾问团秘书处办公室设在中国农业科学院农业经济与发展研究所，负责顾问团日常事务安排与管理。

一、主要职能

1. 研究确定开放实验室年度研究主题和研究思路，对立题进行指导和审查，确保研究主题切合实际需要。

2. 对研究成果进行评估和把关，确保研究成果具有战略性、前瞻性和可行性。

3. 为开放实验室基础性、公益性研究工作提供指导，确保研究计划的针对性和指向性。

4. 指导拓展研究成果的转化和运用渠道，确保服务宏观决策的作用充分发挥。

5. 组织编制内部材料《判断与思考》，供国家有关部门和中央领导决策参考。

6. 指导博士后研究人员。

（1）为拟招聘入站的博士后研究人员，提出、确定研究选题。

（2）指导博士后年度招聘面试工作，评议确定年度初选博士后研究人员名单。

（3）指导新招聘博士后研究人员进行前期研究开题，对已招聘博士后研究人员的课题框架和工作内容，进行理论和实践指导。

（4）指导博士后研究人员开展调查研究工作，以及研究成果转化为政策建议。

（5）为博士后研究人员开展课题研究工作提供其他必要的支持。

二、运行管理

1. 顾问团每年开展活动，由秘书处根据需要事前提出议题建议，经与相关人员充分沟通后报请顾问团负责人审定。

2. 顾问团成员兼任博士后导师。

3. 顾问团的活动经费及博士后研究基金主要由中国农业科学院农业经济与发展研究所自筹解决，并争取有关部门、单位、机构的支持与资助。

4. 秘书处负责《判断与思考》的具体事务以及顾问团活动的安排与组织管理。

三、研究成果

1. 面向我国农业与农村经济发展的重大理论和现实问题，开展农业农村经济与政策相关研究，既要体现国家农业政策的前瞻布局，又要代表国家农业与农村经济的发展方向，同时能够满足省、市地方农业农村经济发展的需要，为国家解决"三农"问题提供决策参考。

2. 研究成果归属于顾问团和中国农业科学院农业经济与发展研究所共同所有。

附录 2 中国农业科学院农业经济与政策顾问团秘书处

秘书长：

梅旭荣 中国农业科学院副院长

副秘书长：

孙　研 中国农业科学院办公室主任

袁龙江 中国农业科学院农业经济与发展研究所所长

王加启 农业农村部食物与营养发展研究所所长

办公室主任：

孙东升 中国农业科学院农业经济与发展研究所副所长

王济民 中国农业科学院办公室副主任

图书在版编目（CIP）数据

2021 中国农业科学院农业经济与政策顾问团专家论文集 / 顾问团秘书处编 . —北京：中国农业出版社，2022.8

ISBN 978 - 7 - 109 - 29973 - 3

Ⅰ.①2⋯　Ⅱ.①顾⋯　Ⅲ.①农业经济－中国－文集②农业政策－中国－文集　Ⅳ.①F32 - 53

中国版本图书馆 CIP 数据核字（2022）第 166524 号

中国农业出版社出版

地址：北京市朝阳区麦子店街 18 号楼
邮编：100125
责任编辑：廖　宁　杨桂华
版式设计：杜　然　责任校对：吴丽婷
印刷：北京中兴印刷有限公司
版次：2022 年 8 月第 1 版
印次：2022 年 8 月北京第 1 次印刷
发行：新华书店北京发行所
开本：700mm×1000mm　1/16
印张：8.75
字数：150 千字
定价：78.00 元
